Rebeca Wild

Kinder im Pesta

Erfahrungen auf dem Weg zu einer vorbereiteten Umgebung für Kinder

arbor

Arbor Verlag
Freiamt im Schwarzwald

Herausgeber: Lienhard Valentin
Druck und Verarbeitung: Kösel, Kempten

gedruckt auf chlor- und säurefreiem Papier

CIP-Titelaufnahme der Deutschen Bibliothek

1. Auflage 1993

Printed in Germany

ISBN 3-924195-10-2

Inhalt

Einleitung

Der Erfahrungsbericht "Erziehung zum Sein", der 1986 erstmals auf deutsch veröffentlicht wurde, hat zusammen mit dem Fortsetzungsbuch "Sein zum Erziehen" ein Echo hervorgerufen, das schwer vorauszusehen war. Teil dieses Echos war, daß uns der Arbor Verlag seit 1990 jedes Jahr einlädt, Vorträge und Kurse in Deutschland, Österreich und der Schweiz zu geben, um mit Eltern, Lehrern und Erziehern die Erfahrungen, die wir in Ecuador gemacht haben, zu teilen. Ebenfalls in diesen Zeitraum fiel die Gründung des "Freundeskreises Mit Kindern Wachsen", in dem sich immer mehr Menschen zusammenfinden, die den Wunsch hegen, Kindern neue Möglichkeiten für ihre Entfaltung zu schaffen. So erleben wir, wie allmählich der Kreis derer wächst, die zu Hause, in Kindergärten oder Schulinitiativen die Grundidee des Respekts für die Wachstumsprozesse der Kinder in die Praxis umsetzen und inzwischen bereits ihre eigenen Erfahrungen gemacht haben.

In den Gesprächsrunden zeigt sich immer wieder, daß solch ein Unterfangen offenbar gar nicht so leicht ist, obwohl die Idee so einfach und einleuchtend erscheint. Darum möchte ich in den vorliegenden Kapiteln eine kleine Auswahl von Beispielen für Prozesse, die verschiedene Familien bei uns durchlaufen haben, mit all denen teilen, die sich nun auf den Weg einer neuen Art des Umgangs mit Kindern gemacht haben. Denn obwohl wir uns über die Jahre hinweg immer mehr von der "Wichtigkeit" oder "Richtigkeit" dieses andersartigen Umgangs überzeugt haben, sind auch für uns die verschiedenen Prozesse auf diesem Weg oft alles andere als leicht gewesen. Vielleicht erkennen nun die Leser in einigen Geschichten ihre Schwierigkeiten wieder und fühlen sich nicht so "allein auf weiter Flur".

Ich weiß nicht, ob ich mit diesen Erinnerungen an Kinder im Pesta* die Begeisterten abschrecke oder ob es mir gelingt, Mut zum Durchhalten zu machen, auch wenn es immer wieder Schwierigkeiten zu überwinden gilt.

Heute, das heißt im Frühjahr 1993, sehen wir zurück auf all diese Jahre konstanter Arbeit und können über das Ergebnis nur staunen und uns an der Entwicklung freuen, die bei den Kindern – aber auch bei den Eltern und uns – stattgefunden hat und immer noch stattfindet. Doch gleichzeitig kommt es uns so vor, als ob wir auch eine Menge kleiner und großer Steine fortgeräumt haben, um den Pfad freizuschaufeln und ich fürchte, diese Anstrengung bleibt keinem erspart, der die breite Straße traditioneller Erziehung verläßt und sich wagt, neue Wege zu gehen.

Der Name "Pesta" ist die Abkürzung für "Fundacion Educativa Pestalozzi", die geschichtlich bedingte offizielle Bezeichnung für unser Projekt. Als wir als "Montessorischule" amtlich eingetragen werden sollten, stellte sich nach monatelangen Prozeduren plötzlich heraus, daß es bereits eine Eliteschule gab, die sich diesen Namen gegeben hatte. So mußte aus dem Stehgreif ein anderer gefunden werden, um den Weg durch die Instanzen nicht von vorne beginnen zu müssen. Da Mauricio Schweizer ist, lag "Pestalozzi" als Namensgeber nahe. Seine Pädagogik spielt bei unserem Ansatz jedoch keine Rolle.

Einfach, aber nicht leicht!

Im Frühjahr vor 16 Jahren waren mein Mann Mauricio und ich sehr beschäftigt und aufgeregt, auch etwas ängstlich, aber das versuchten wir einander nicht so sehr zu zeigen. Wir hatten gerade kleine Tische und Stühle und einige Kisten mit Montessori-Material aus einer Schreinerei abgeholt. In zwei Wochen sollten wir in ein großes Haus in Tumbaco, in der Nähe von Quito einziehen und dort einen Kindergarten für Rafael, unseren zweiten Sohn, beginnen. Wir hatten zuerst nach etwas Passendem in Quito selbst gesucht, doch nach fünf Jahren auf einer großen Farm kam uns in der Stadt alles wie ein Gefängnis vor. Wir konnten uns nicht vorstellen, dort eine vorbereitete Umgebung für kleine Kinder einzurichten oder selbst mit so wenig Raum und Natur zu leben. Bekannte, mit denen wir von unserem Vorhaben sprachen, machten uns nicht viel Mut, denn in Ecuador brachten alle Leute, die etwas auf sich hielten, ihre Kinder in die Stadt zur Schule oder in den Kindergarten.

Das ganze Unternehmen war von Anfang an ein großes Abenteuer. Als wir im Februar 1977 auf Haussuche im Tumbaco-Tal gingen, hatten wir noch nicht einmal das Geld für die erste Miete. Wir wollten uns nur umschauen, in der Hoffnung, daß sich alles irgendwie lösen würde, denn wir hatten schon Erfahrung, daß die äußeren Umstände sich inneren Notwendigkeiten unterwerfen können, wenn diese aus echten Bedürfnissen stammen. Und wir fanden, daß jetzt der richtige Zeitpunkt war, diese Arbeit zu beginnen und unser eigenes Leben an die Bedürfnisse unseres kleinen Sohnes anzupassen.

Beim dritten Haus, das auf unserer Liste "zu vermieten" stand, wußten wir: »Das ist es!« Es hatte die gewünschten Maße und stand mitten in einem großen Gelände, am Fuß eines alten erloschenen Vulkans, und nur einen knappen Kilometer von der Straße nach Quito entfernt. Als wir dort ankamen, um vorzusprechen, merkten wir, daß im Haus noch eine Familie wohnte. Wir bekamen die Auskunft, daß das Haus leider noch nicht verfügbar sei, sondern erst in zwei Monaten frei würde. Für uns war das eine sehr gute Nachricht! Vielleicht war es sogar möglich, schon jetzt einen Mietvertrag zu machen, aber erst in zwei Monaten zu zahlen?

Um das zu klären, notierten wir die Telefonnummer des Verwalters, denn die Besitzer des Hauses wohnten seit Jahren in New York. Der alte Herr verabredete sich mit uns für einen Tag in der nächsten Woche. Wir sollten ihn um 9 Uhr früh zu Hause abholen, dann würden wir zusammen das Haus in Tumbaco besichtigen. Am vereinbarten Morgen fuhren wir frühzeitig von der Farm los. Doch auf halbem Weg standen wir vor einem Bergrutsch. Da war nichts zu machen, außer zu warten und zu hoffen, daß es mit dem Wegräumen nicht zu lange dauern würde. In einem Land wie Ecuador, wo Straßen nicht so liebevoll gepflegt werden wie in den entwickelten Ländern, ist man an lange Unterbrechungen auf einer Reise gewöhnt, aber diesmal spürten wir große Ungeduld. Wir versuchten der Nervosität zu widerstehen und ruhig zu warten. Wunderbarerweise kamen nach nur zehn Minuten zwei Traktoren und begannen, die Schlammassen zur Seite zu räumen. Wir wagten nicht, auf die Uhr zu schauen. Dann – wie uns schien nach einer kleinen Ewigkeit – konnten wir vorsichtig über den halbabgetragenen Erdhügel fahren und die Reise nach Quito fortsetzen. Beim Einfahren in die Stadt waren uns alle Verkehrslichter hold. Als wir vor Herrn Montalvos Haus standen, kam er gerade aus der Haustür. Es war Schlag neun Uhr!

Zusammen fuhren wir nach Tumbaco. Das Haus schien ideal, um darin zu wohnen und gleichzeitig einen Kindergarten für 20 Kinder – das war damals unser Ziel – unterzubringen. Der Mietpreis schien bezahlbar zu sein. Wir wußten zwar noch nicht, wovon wir die erste Miete bezahlen würden, aber rechneten aus, daß die Beiträge von 20 Kindern ausreichen müßten, um die Unkosten zu decken. Wir einigten uns, den Vertrag für zwei Jahre ab Mai zu unterzeichen. Als wir mit dem Verwalter nach Quito zurückfuhren, wurde er gesprächig und gestand uns, daß er unsicher gewesen war, ob er an uns vermieten sollte. Da habe er sich selbst eine Bedingung gestellt: Falls wir pünktlich um neun Uhr bei ihm einträfen, wäre es für ihn ein Zeichen, daß wir zuverlässige Leute seien. Falls wir zu früh oder zu spät kämen, würde er keinen Vertrag mit uns machen...

Aus den zwei Jahren des ersten Mietvertrages wurden schließlich zwölf. Der Vertrag wurde immer wieder um ein Jahr verlängert, und dabei lebten wir ständig in der Sorge, daß wir demnächst mit Kind (170 Kindern!) und Kegel hinaus müßten... Wir haben trotz aller Schwierigkeiten Herrn Montalvo nie enttäuscht und die Miete immer bis zum fünften jedes Monats bezahlt. Wie diese Geschichte weiter geht, habe ich vor etlichen Jahren in "Erziehung zum Sein" ausführlich erzählt.

Nun hat seit drei Jahren der "Pesta" , wie dieses Kindergarten- und Schulprojekt kurz genannt wird, nicht weit von seiner ersten Heimat sein eigenes Gelände, und vielen Besuchern kommt es vielleicht so vor, als ob alles "immer schon so gewesen sei". Da steigt in mir das Bedürfnis auf, mich zu erinnern, unter welchen Umständen wir begonnen hatten. In den ersten Jahren mußten wir zum Beispiel nachmittags und an Wochenenden außerhalb der Schule arbeiten gehen, um "trotz Pesta" leben zu können. Und zwölf Jahre lang begnügte sich unsere Familie mit einem winzigen Teil des Hauses, während der Kindergarten und später die Schule immer weiter in unsere privaten Bereiche übergriffen, einschließlich in unsere Küche, unser Wohn- und Arbeitszimmer. Während sechs Jahren fuhr einer von uns einen der Schulbusse, um die Transportkosten niedriger zu halten. Dafür mußten wir das Haus um sechs Uhr morgens verlassen, und der Tag endete oft erst gegen Mitternacht.

Die Arbeit, die hier in diesen 16 Jahren getan wurde, hat inzwischen bei vielen Menschen innerhalb und außerhalb Ecuadors den Wunsch hervorgerufen, auch etwas für die eigenen Kinder zu wagen, das herkömmliche Schulsystem nicht einfach als gegeben hinzunehmen, vielleicht eine Initiative zu starten, die respektvoller mit Lebensprozessen umgeht als wir es bisher gewohnt waren. Auf dieser Suche sind auch viele Lehrer, die sich in ihrer bisherigen Arbeit in einer Sackgasse fühlen. Darin werden sie alle durch immer häufigere Veröffentlichungen bestärkt, die das Versagen des alten Schulsystems beklagen. Und immer mehr Menschen interessieren sich für Forschungen auf verschiedenen Wissensgebieten, die darin übereinstimmen, daß Lernen und menschliches Reifen tatsächlich unter ganz anderen Umständen stattfinden müßten als die herkömmliche Schule sie bietet.

Die Diskussion ist also eröffnet. Die Regelschule verteidigt sich, indem sie den vorgeschriebenen Unterrichtsablauf mit kurzen "selbständigen Lernerfahrungen" unterbricht. Ein Professor der Pädagogik bestätigte mir mit Stolz, daß in den fortschrittlichen Schulen seines Landes 15% der Schulzeit für "Freiarbeit" genutzt würde, wobei ich mir die Frage verkniff, ob 85% "Zwangsarbeit" eine Errungenschaft sei, auf die man Stolz sein könne. Immer mehr Eltern und Lehrer halten Ausschau nach Modellen, die mit der "Freiheit der Kinder" bereits Erfahrungen gesammelt haben. Doch in Europa weisen viele von denen, die sich wenigstens theoretisch für alternative Erziehung interessieren, schnell die Möglichkeit einer praktischen Umsetzung von sich. »Das mag in Südamerika möglich sein!« hören wir immer wieder. Und dann hören wir von allen Hindernissen, die es nicht gestatten, neue Wege für den Umgang mit Kindern (und mit sich selbst) zu gehen: Finanzielle Unsicherheit, vielleicht der Verlust von Altersversorgung, Raumnöte, starre Gesetze, der soziale Druck und so weiter – lauter Aspekte, die auch uns von unserem Vorhaben hätten abbringen können.

Ein kleiner Prozentsatz ist tatsächlich bereit, Opfer für solch eine neue Erziehungsweise zu bringen. Dabei herrscht meist noch große Vorsicht: »Wir bieten absoluten Respekt fürs Kind«, lautet das Konzept einer Eltern- und Lehrerinitiate. »Die Kinder werden zu 50% die Möglichkeit haben, in einer vorbereiteten Umgebung selbstmotiviert zu lernen. Die anderen 50% sind lehrerzentrierter Unterricht, um das vorgeschriebene Curriculum zu erfüllen«.

Andere Initiativen, die diese Proportion zugunsten des "Respektes fürs Kind" verändern, haben offenbar mit großen Hindernissen zu rechnen: mit Hindernissen von Seiten der Schulbehörden, die viel Kraft und Zeit rauben, die eigentlich für die vorbereitete Umgebung und die Zuwendung fürs Kind bestimmt sein sollten. Aber schwieriger noch als dieser "Kampf nach außen" sind die eigenen Unsicherheiten: die Zweifel der Eltern, die zwar etwas Anderes für ihre Kinder suchen, aber selbst keine Ahnung von all den Problemen haben, die an die Oberfläche kommen, sobald der Druck eines festen Programms und eingefahrener Beziehungen zwischen Lehrern und Kindern fortgenommen wird.

Doch auch die Lehrer haben ja kaum Erfahrung mit all dem, was so großartig im vorher ausgearbeiten Konzept steht. Da gibt es nicht nur pädagogische Unsicherheiten, sondern auch organisatorische, die finanziellen Probleme und das Fehlen einer neuen Struktur, sobald der immerhin relativ sichere Hafen staatlicher Schulversorgung verlassen wurde! Es ist kein Wunder, daß sich viele anfangs Begeisterte nach einiger Zeit aus dieser Situation heraussehnen und die bekannten Übel der traditionellen Schule der Verwirklichung ihres Traumes vorziehen.

Ich bin mir im Klaren darüber, daß jeder in seiner eigenen Situation eigene Erfahrungen machen und aus den eigenen Schwierigkeiten lernen muß. »Niemand kann jemand anderem etwas beibringen«, ist eine der wichtigsten Einsichten, zu denen wir im Laufe der Jahre gekommen sind. Trotzdem könnte es für manchen, der eine alternative Erziehungsinitiative beginnen möchte oder bereits damit begonnen hat, eine kleine Hilfe bedeuten, wenn wir noch ein wenig mehr aus unserer Erfahrung erzählen. Was mir dabei vor allem am Herzen liegt, ist die Wichtigkeit der Beziehung zwischen Schule und Familie aufzuzeigen.

Als bei uns am Öffnungstag statt der vorgemerkten 20 Kinder nur drei erschienen, bekamen wir es ganz schön mit der Angst zu tun. Wie sollten wir nun die Miete zahlen, wenn es nicht genug Kinder gab? Als dann allmählich Neugierige hereinschauten, weil ihnen ein Kindergarten auf dem Land wie ein Kuriosum erschien, freuten wir uns über jeden Neugierigen und priesen unser neues Konzept in den höchsten Tönen an. Wir nahmen einfach jeden ohne viel Nachfragen auf, nur um die Zahl voll zu machen und weiterarbeiten zu können. Als dann diese erste Hürde genommen war, merkten wir, daß es nicht damit getan war, den Kindern das Beste zu geben, das wir konnten. Wir begannen also mit regelmäßigen Elternabenden, und dafür bereiteten wir uns so gut wie möglich vor, um die Eltern davon zu überzeugen, daß diese Erziehungserfahrung auch theoretisch gut zu begründen war. In unserem Eifer und bei dem großen Einsatz – wir arbeiteten ja noch teilweise außerhalb, um nicht zu verhungern – merkten wir lange kaum, daß der Inhalt solcher Arbeit für viele Eltern nicht leicht zugänglich war, geschweige, daß sie zu Hause ihre Prinzipien auch in die Praxis umsetzten.

Erst allmählich lernten wir die Symptome erkennen und interpretieren, die Kinder aufzuweisen pflegen, wenn die Umgebung im Pesta mit der häuslichen auseineinderklaffte. Wir lernten – und das erst viel später – das Reden der Erwachsenen, selbst wenn es Lobreden sind, nicht zu hoch einzuschätzen und uns mehr an den Prozessen der Kinder zu orientieren. Und mit der Zeit spürten wir, wann Erwachsene an ihre eigenen Grenzen stoßen, obwohl sie "mit guten Vorsätzen angefangen hatten", wann sie beginnen, ihre Kinder im Wachstumsprozeß zu behindern; wie aber auch Erwachsene in der Begleitung ihrer Kinder immer neue Hürden nehmen können, wenn sie im rechten Augenblick Unterstützung bekommen. Wir erfuhren, daß der Dialog zwischen Elternhaus und Schule besonders in einer solch radikalen Alternative sehr ernstgenommen werden muß und daß auf Dauer die Schule weder die Eltern "zum Besten ihrer Kinder" überreden, noch die Verantwortung für sie übernehmen kann.

Die wirkliche Entscheidung, das authentische Leben eines Kindes zu respektieren, muß im Herzen der Eltern getroffen werden. Vielleicht können wir jahrelang große

Hilfe leisten und dem Kind wenigstens für ein paar Stunden am Tag Liebe und Respekt geben, die es von zu Hause nicht bekommt. Doch irgendwann, spätestens in der Pubertät, muß das Kind seine Beziehung zu den Eltern klären.

In all diesen Jahren versuchten wir darum, soweit die Kräfte reichten, Raum und Zeit zu schaffen, um Eltern Gelegenheit zu geben, sich über Grundlagen, Wege und Ziele unserer Initiative zu informieren und sie durchzudiskutieren. Dafür gibt es vor dem Einschreiben im Kindergarten Einführungsgespräche und Beobachtungen, für die verschiedenen Altersstufen, dann regelmäßige monatliche Elternabende, Familiengespräche und die Einladung, die Schule so oft wie möglich zu besuchen. Für besonders Interessierte wurde jedes Jahr ein theoretischer und praktischer Einführungskurs eingerichtet, der 50 Stunden dauert.

Primaria-Eltern unterschreiben jedes Jahr einen Vertrag und bestätigen, daß sie über die "Methode der spontanen Aktivität des Kindes informiert und mit ihr einverstanden und bereit sind, sich weiterhin damit zu beschäftigen, um ihre Kinder entsprechend unterstützen zu können. Die Elternabende sind gut besucht und drei Nachmittage pro Woche sind für Familiengespräche doppelt ausgebucht. An jedem Familiengespräch nehmen grundsätzlich zwei Lehrer teil. Trotzdem haben wir über die Jahre hinweg die Notwendigkeit für noch weitere Schutzmaßnahmen empfunden, um die Arbeit nicht allzusehr zu erschweren.

So gibt es nun zum Beispiel die Regelung, daß nur Kinder, die bereits im Kindergarten bei uns waren, in die Primaria aufgenommen werden können. Das ermöglicht den Eltern und uns ein gegenseitiges Kennenlernen über ein bis drei Jahre hinweg. Nur in Ausnahmefällen, die vom Lehrerteam ausführlich analysiert werden, können Kinder noch bis zum achten Lebensjahr in die Primaria einsteigen. Darüberhinaus gibt es für interessierte Eltern noch weitere Hürden zu überwinden:

Wenn die Kinder sechs Jahre alt werden, also im traditionellen System in die erste Klasse kämen, können sie nur in unsere Vorschule eingeschrieben werden, wenn ihre Eltern an vier Samstagen vor Schuljahresende einen Kurs absolviert haben. Dabei machen sie am eigenen Leib die Erfahrung, die ihren Kindern bevorsteht, nämlich in einer Umgebung voller Materialien etwas auszusuchen, sich selbständig damit auseinanderzusetzen, bzw. mit kleinen Hilfestellungen eines "Lehrers" eigene Lernwege zu entdecken. Diese Erfahrung wird dann besprochen und die Unterschiede zur traditionellen Schule ausführlich erklärt.

Auch für die Eltern der zwölf- bis dreizehnjährigen Primarschüler, die nun normalerweise in eine formelle Sekundarstufe kämen, wird wieder ein ähnlicher Kurs abgehalten, denn in diesem Alter erwacht in den Erwachsenen von Neuem die Unsicherheit, ob nicht eine "ordentliche Schule" mit vorgeschriebenem Fachunterricht für ihre Kinder besser wäre als unser Angebot für offenes Lernen. Um spätere Forderungen oder Vorwürfe zu vermeiden, versuchen wir auch auf dieser Stufe, unseren Ansatz erneut deutlich zu machen und die Zusammenarbeit mit den Eltern in dieser für uns alle neuen Erfahrung zu erwirken.

Aus diesen Regelungen, die manchem hart erscheinen mögen, kann man wohl ahnen, daß das Überleben einer Schule, die tatsächlich neue Wege geht und Althergebrachtes in Frage stellt, immer wieder aus den verschiedensten Gründen gefährdet ist. Die größte Gefahr liegt dabei, wie ich glaube, nicht bei den gefürchteten Schulbehörden. Wir haben die Erfahrung gemacht, daß es nicht leicht, aber doch möglich ist, ein radikales, aber klares Konzept zu verteidigen. Trotz aller Widerstände ist besonders auf den "höheren

Ebenen" das Bewußtsein in der letzten Zeit gewachsen, daß irgend etwas mit der "lieben alten Schule" nicht mehr stimmt.

In diesen Jahren wurden uns immer wieder Kompromißlösungen von den Behörden angeboten, aber unsere Starrköpfigkeit bewirkte schließlich, daß das ecuadorianische Kultusministerium die weise Parole verkündete: »Experimentalschulen können nur anerkannt werden, wenn sie außerhalb des Schulgesetzes arbeiten.« Mit diesem Kriterium wurde unsere Schule nach jahrelanger Standhaftigkeit mit dem Etikett "Neun Jahre Grunderziehung ohne Klassen" voll anerkannt. Nun arbeiten die verschiedensten öffentlichen Beamten mit uns zusammen. Sie preisen sogar unsere Arbeit als "richtungsweisend" und ernten für ihre Großzügigkeit Anerkennung, daß sie verschiedene Erziehungswege nebeneinander bestehen lassen. Doch verlangt das von ihnen keine persönliche Entscheidung, und es hat wohl in ihren eigenen Familien keine tiefgreifende Veränderung bewirkt.

Kritischer als unsere Beziehung zu den Behörden waren letztendlich die verschiedensten Erwartungen der Eltern, die oft nicht offen ausgesprochen, sondern jahrelang latent vorhanden waren. Dabei war es uns immer wieder möglich, einen festen Standpunkt einzunehmen, weil wir selbst "Eltern im Pestalozzi" waren. Unser Argument gegen die verschiedensten Vorschläge, die Schule doch wenigstens ein wenig mehr an die "Wirklichkeit der Gesellschaft" anzupassen, war immer wieder, daß wir diese Arbeit für unseren eigenen Sohn begonnen haben. Ich weiß wirklich nicht, wie es uns ergangen wäre, wenn man uns hätte vorwerfen können, wir hätten ja nicht einmal eigene Kinder und wüßten nicht, was Eltern alles durchmachten.

Wenn meine Gedanken nun über die Jahre hin wegschweifen, erscheinen vor meinen Augen ungezählte Kinder und deren Eltern, ungezählte gemeinsam erlebte Situationen. Viele der Kinder sind nicht mehr bei uns, andere kommen immer noch jeden Morgen mit dem Bus den Berg herauf. Manche sind nur kurz hier gewesen, andere viele Jahre lang. Welche Motive bewegten die Eltern, diese Alternative für ihre Kinder zu wählen?

Auch, wenn ich sie hier der Einfachheit halber in wenige Kategorien einteile, gibt es doch in jeder von ihnen viele Varianten, und jede Familie hatte natürlich "eine Geschichte für sich".

Da ist zum Beispiel die große Gruppe von Leuten, die die eigenen tristen Schulerfahrungen ihren Kindern ersparen wollten und darum eine Alternative suchten.

Andere brachten ihre Kinder, weil sie sich in Kindergarten oder Schule nicht so anpassten wie man es von ihnen erwartete und womöglich bereits Zeichen von verschiedenen Schulschäden oder -krankheiten aufwiesen.

Es gab "besondere" Kinder, entweder auf irgendeine Art behinderte oder auch "hochbegabte", für die kein rechter Platz in der Regelschule war.

Auch Indianerfamilien, die zeitweise in Quito ansässig waren und ihre Kinder in den Pestalozzi schickten, weil ihre Kultur hier respektiert wurde, gaben uns Gelegenheit, deren Problematik kennenzulernen.

Immer wieder baten auch Eltern um Aufnahme ihrer Kinder, weil sie von anderen von "dieser tollen Schule" gehört hatten und sich überreden ließen. Häufig war das Hauptmotiv einfach die Bequemlichkeit. Vielleicht wohnten die Eltern in der Nähe der Schule, oder sie fanden, daß sie bei uns weniger Druck beim Zahlen des Schulgeldes oder mit dem Fehlen der Kinder, der Schuluniform, den Zeugnissen und den Hausaufgaben hatten. So konnten sie ihrem eigenen Leben ungestörter nachgehen und sich dabei noch freuen, daß ihre Kinder gut behandelt wurden.

Und – last not least – gab es auch immer wieder Eltern, die für sich selbst einen Weg des menschlichen Wachsens und Reifens suchten oder bereits ein gutes Stück gegangen waren. Für sie war es nur natürlich, das Angebot einer Schule wahrzunehmen, die mit ihrem eigenen Fühlen und Denken in Einklang war.

Das Leben der Pestalozzi-Kinder und ihrer Familien ist eng mit dem unseren verknüpft, auch wenn wir nun nicht mehr Küche und Wohnzimmer mit ihnen teilen, so wie es im "alten Pesta" geschah. Am Sonntagmorgen, wenn ich auf dem Tumbaco-Markt Früchte einkaufe oder unter der Woche im Supermarkt in Quito, springen immer wieder Kinder auf mich zu. An ihren Rufen und ihrem Gesicht ist zu erkennen, daß dieses unverhoffte Zusammentreffen frohe Erinnerungen in ihnen weckt.

Vor kurzem fuhr ich mit dem Auto auf der Straße von Quito nach Tumbaco. Als ich eine offene "camioneta" überholte, auf der eine Schar junger Männer saß, hörte ich zu meinem Erstaunen ein lautes: »Hola, Rebe, hola Rebe«, und mehrere Hände winkten mir heftig nach. Ich erkannte die jungen Leute nicht, entnahm nur aus der Anrede, daß sie – vielleicht vor zehn Jahren – irgendwann einmal im Pesta gewesen sein mußten. Vielleicht hatte ich sie damals auf dem Schoß gehabt, wenn sie weinten, vielleicht hatte ich mit ihnen gespielt, vielleicht ihnen nur bem Sandspielen zugeschaut oder war neben ihnen gekniet, wenn sie mit Freunden einen Konflikt aushandelten.

Ich gab Gas zum Überholen, aber im selben Augenblick stieg eine Welle von Erinnerungen in mir auf und ich begann, über all die verschiedenen Prozesse nachzudenken, die Kinder in diesen Jahren bei uns durchlaufen haben...

Einige solcher Prozesse will ich hier zu skizzieren versuchen. Vielleicht entdeckt mancher dabei Parallelen und merkt, daß Schwierigkeiten und Chancen für die Schaffung einer vorbereiteten Umgebung für Kinder in verschiedenen Umständen und in verschiedenen Ländern ähnlich sind, weil die menschliche Natur trotz aller Unterschiede letztendlich überall gleich ist. In den folgenden Geschichten möchte ich zeigen, wie eng das Wohlergehen der Kinder mit den Haltungen und den Prozessen der Eltern verknüpft ist, soweit wir diesen Zusammenhängen durch Elterngespräche und unseren täglichen Kontakt mit den Kindern nachspüren konnten. Dabei bin ich mir bewußt, daß es unter diesen Umständen nur möglich ist, einen winzigen Ausschnitt aus der Wirklichkeit einer Familie kennenzulernen.

Gleichzeitig fühle ich Dankbarkeit für das Gemeinsame, das wir immer wieder erlebten, Respekt vor allen Schwierigkeiten und immer neuen Ansätzen, die jede Familie auf ihre Art bewältigte und Liebe für so viele Kinder, deren Namen ich nicht einmal alle erinnern kann.

Ein neues Paradigma in der Erziehung – das heißt eben gegen den Strom schwimmen, vieles in Frage stellen, das einem bisher liebe Gewohnheit war, Neues zu wagen und immer wieder über den eigenen Schatten springen. Es darf uns also nicht wundern, wenn verschiedene Menschen dabei an ihre Grenzen stossen. Wir erleben aber auch mit Staunen, wie – manchmal ganz unerwartet – Menschen diese Grenzen als Anlaß nehmen, um über sie hinauszuwachsen – um mit ihren eigenen Kindern zu wachsen.

Ein anderer Umgang mit Kindern
Neuland für uns alle

Die Beispiele in diesem Buch sind eine winzige Auswahl aus den zahlreichen Familiengeschichten, die sich im Laufe der Jahre bei uns zugetragen haben. Sie geben uns wohl eine gewisse Vorstellung, mit wievielen Schwierigkeiten zu rechnen ist, falls man den Umgang mit Kindern nicht nur zu Hause, sondern auch in der Schule anders angehen will, als es unserer jahrhundertalten pädagogischen Tradition entspricht. Die Erwachsenen, die mit großer Überzeugung in unserem Projekt arbeiten, fühlen sich keineswegs als "Pädagogen" oder Experten, denn wir alle müssen immer neu lernen, uns in diesem Neuland menschlicher Beziehungen zu orientieren.

Die tägliche hautnahe Arbeit mit Kindern, nicht nur in einer altersmäßig begrenzten Klasse, sondern so wie im Pesta, mit Kindern und Jugendlichen zwischen sechs bis achtzehn Jahren; die Vorbereitung der Umgebung für all die verschiedenen Bedürfnisse und die ständige Lehrerarbeit, damit alle Mitarbeiter im Stande sind, unter diesen Umständen eine geeignete Unterstützung zu geben; das Aufschreiben von Beobachtungen, um zweimal im Jahr einen hilfreichen pädagogischen Bericht verfassen zu können; die Arbeit mit den Eltern, um so weit wie möglich die Harmonie zwischen Elternhaus und Schule zu erwirken; die finanzielle und administrative Organisation einschließlich Schultransport, die einen wahren Seiltanz ums heikle ökonomische Gleichgewicht darstellt und alle konkreten Situationen zum Funktionieren bringen soll; die Beziehungen zu den Behörden, die Betreuung von Besuchern, die Auskunft über das Projekt wünschen und Unterstützung und Kurse für Gruppen, die am Anfang ihrer eigenen Projekte stehen – all dies stellt ein weites Netz an Anforderungen dar, in dem sich nicht selten das Privatleben verwickelt.

Vorläufig überwiegen in verschiedenen Ländern noch solche Initiativen, die sich auf Kompromisse mit den Behörden einlassen. Damit vermeiden sie freilich weitgehend das Problem, mit allen beteiligten Erwachsenen zu einem klaren Einverständnis über grundsätzlich neue Wege in der Erziehung kommen zu müssen. Doch wer es vorzieht, an einer Alternativschule interessierten Eltern von vornherein "reinen Wein einzuschenken" und keine Versprechungen auf Erfüllung von öffentlichen Forderungen oder elterlichen Erwartungen zu machen, spürt in diesen Fallbeschreibungen sicher, daß der Prozeß von Eltern langsam und unberechenbar ist, auch wenn sie bewußt in dieses Abenteuer eingestiegen sind. Schließlich sind wir Erwachsenen uns selten darüber im Klaren, wie getrennt unser Intellekt von unseren Gefühlen ist und wie sehr unsere eingefleischten Gewohnheiten gerade im vertrauten Umgang mit lieben Menschen stärker sind als die schönsten Ideen, nach denen wir zu leben trachten. Darum finden es auch Lehrer einer alternativen Schule meist leichter, mit Schulsituationen umzugehen als mit den eigenen Kindern im trauten Heim zurechtzukommen, das ja sowohl die Bedürfnisse von Erwachsenen wie auch die von Kindern befriedigen soll.

Unser Vorhaben ist also komplexer, als wir anfangs vermuten mögen, und darum scheint es ratsam, das Auf und Ab, das Für und Wider widersprüchlicher Meinungen und

Gefühle von vornherein in die Rechnung einzubeziehen. Wir sollten uns nicht wundern, wenn nach dem Überschwang anfänglicher Begeisterung die Wirklichkeit über die Jahre hinweg nicht immer unseren hohen Erwartungen an das Verständnis und die aufopfernde Zusammenarbeit der Eltern oder Mitarbeiter entspricht. Es ist schwer, Tag für Tag und über Jahre hinweg so bewußt zu leben, daß die hohen Ideale in der Beziehung zur Schule, besonders aber in den meist unscheinbaren täglichen Lebenssituationen mit den eigenen Kindern verwirklicht werden. Doch gerade aus diesem Grund fanden wir es notwendig, mit den Eltern die Grenzen klar abzustecken, innerhalb derer wir in der Schule die Verantwortung für ihre Kinder mittragen können, um soweit wie möglich zu verhindern, daß sie uns auch noch den Teil der Fürsorge überlassen, der ihnen selbst zusteht.

Man könnte meinen, daß Eltern "entweder dafür oder dagegen" sein müßten, wenn sie sich mit der Möglichkeit alternativer Erziehung auseinandergesetzt haben. In den folgenden Kapiteln kommen ein paar durchaus nicht ungewöhnliche Fälle vor, wo sich Familie und Schule nach einiger Zeit getrennt haben und jeder seiner Wege ging und andere, in denen sie sich früher oder später auf den Prozeß äußerer und innerer Veränderung eingelassen haben. Die Erfahrung lehrte uns, daß es im Verlauf der Jahre immer wieder zu neuen Entscheidungsmomenten kommt und daß es wichtig ist, Eltern nicht zum Bleiben zu überreden, wenn sie ihre Kinder letztendlich doch immer wieder in Konflikt zwischen deren authentischen Bedürfnissen und ihren elterlichen Erwartungen bringen. In den ersten Jahren glaubten wir, es sei unsere Pflicht den Kindern gegenüber, die Eltern immer wieder neu zu überzeugen oder gar ihre Rolle zu übernehmen, wenn die Eltern selbst keinerlei Anstrengungen machten, den Bedürfnissen ihrer Kinder gerecht zu werden, dabei aber von uns meist vollen Einsatz erwarteten. Wie es wohl häufig der Fall ist, hatten wir gerade mit den "schwierigen" Kindern besonders starke emotionale Beziehungen, und es fiel uns schwer, loszulassen und nicht zu versuchen, das Elternhaus dauerhaft zu kompensieren.

Oft ziehen sich die Prozesse der Erwachsenen über Jahre hin und niemand weiß mit Bestimmtheit, welchen Verlauf sie nehmen werden. Ich glaube, daß die meisten Familien, die sich heute im "Pesta" zusammenfinden, durch viele verschiedene Stadien gegangen sind, während derer ihr Verständnis und ihre Einsatzbereitschaft für diese Arbeit oft hin- und herschwankten. Jedenfalls sehen wir auch bei den Erwachsenen den Grundsatz der aktiven Erziehung bestätigt, daß auch wir nicht über Worte, sondern über eigene Erfahrungen zum Verständnis kommen.

Vorläufig bleibt uns nichts anderes übrig, als uns mit der Tatsache abzufinden, daß praktisch alle Erwachsenen, die für ihre Kinder aus triftigen Gründen eine neue Erziehung wünschen, selbst noch weitgehend in alten Denk- und Gefühlsstrukturen gefangen sind. Darüber können auch keine begeisterten Worte oder tiefempfundenen Wünsche für eine "bessere Welt" hinwegtäuschen. Die Erfahrungen eines neuen Umgangs mit Kindern werden heute immer noch auf einem weithin unerforschten, unebenen Gelände gesammelt. Und die Schritte, die Erwachsene tun müssen, um ihren eigenen Weg zu finden, sind verständlicherweise unsicher – sie taumeln oft hin und her, stossen hier und dort an und rappeln sich wieder auf, stürmen großartig voran und fallen plötzlich wieder zurück, gerade so wie wir es bei kleinen Kindern sehen, die dabei sind, laufen zu lernen.

In den Elterngesprächen vermeiden die Lehrer, sich als "Spezialisten" auszugeben, sondern versuchen vielmehr, die Eltern für einen regelmäßigen Austausch von Erfahrungen zu gewinnen. Das ist leichter, wenn wir zugeben, daß wir mit den eigenen Kindern die gleichen Unsicherheiten durchmachen wie sie auch. So schaffen wir genügend gegenseitiges Vertrauen, um die anfallenden Probleme – jeder aus seiner Perspektive – durchzusprechen.

Am schwierigsten ist es aber immer, mit den Schuldgefühlen zurechtzukommen, die Erwachsene fast unweigerlich befallen, wenn sie aus einer neuen Perspektive entdecken, was sie in der Vergangenheit mit ihren Kindern hätten anders machen können. Der bloße Umstand, daß sie solche Gefühle bekommen, ist für manche schon ein Grund zur Abwehr. "Du machst mir Schuldgefühle" ist immer wieder eine Anschuldigung, gegen die man sich kaum zu wehren weiß und an der jedes weitere Gespräche zu scheitern droht. Oft haben wir uns gefragt, ob unsere Gespräche dafür da seien, den Eltern gute Gefühle zu vermitteln, oder ob wir erwarten sollten, daß sie in voller Annahme ihrer Verantwortung selbst mit ihren Gefühlen zurechtkämen?

Mit mehr oder weniger Erfolg haben wir in solchen Gesprächen immer wieder den Standpunkt vertreten, daß "Schuldgefühle" in Wirklichkeit "Schulgefühle" sind. Zwar wurden Schuldgefühle auch oft von unseren eigenen Eltern als Erziehungsmittel verwendet, doch in der Schule wurde dann dieses Mittel systematisiert, und wir wurden so geprägt, daß wir für richtige Antworten und korrektes Benehmen belohnt und für falsche Antworten und unkorrektes Benehmen bestraft wurden. Es ist also kein Wunder, daß wir heute auch im Umgang mit den eigenen Kindern die Begriffe "richtig" und "falsch" anwenden und mit sogenannten "falschen" Handlungen gleich auch tiefliegende Schmerzen, Ängste und Abwehrmechanismen aktiviert werden.

Wir versuchen zu argumentieren, daß es eine spezifisch menschliche Eigenschaft ist, Fehler zu begehen. Darum ist es unmöglich, daß wir jetzt im Rahmen einer alternativen Erziehung "alles richtig machen", was wir vorher "falsch gemacht" haben. Was wir aber hoffen, ist daß wir bereit sind, aufmerksamer zu werden, daß wir gewillt sind, neues Verständnis über die Wachstumsprozesse von Kindern in konkreten Situationen einzubeziehen und immer wieder aus eigenen Fehlern zu lernen, wann immer unser Verhalten nicht mit der Wirklichkeit der Kinder übereinstimmt – und dies werden uns die Kinder sehr deutlich zeigen.

Die Mehrzahl unserer Eltern im "Pesta" sind also Menschen, die sich in diesem Prozeß befinden und mehr oder weniger offen sind, neue Einsichten zu gewinnen und aus eigenen Erfahrungen und ihren Fehlern zu lernen. Wir übernehmen dabei allerdings immer wieder die Aufgabe, geduldig auf unsere Grundsätze des Respekts für Lebensprozesse hinzuweisen, mit alten oder neuen Argumenten letztendlich immer wieder das Gleiche zu erklären. Doch lernen können auch die Eltern nur, wenn sie ihr eigenes Leben und das Leben ihrer Kinder wichtig genug nehmen, um selbst über ihre persönlichen Erfahrungen nachzudenken.

Ich erinnere mich an eine Familie, die ihren sechsjährigen Sohn nach einer ersten traurigen Schulerfahrung aus Verzweiflung zu uns brachte. Das Kind war auf die Welt gekommen, als die Mutter selbst noch ein halbes Kind war und deswegen zwei Jahre vor dem Abitur die Schule verlassen mußte. Der Vater war damals ein junger Student, und keiner von beiden war schon reif genug, die Verantwortung für dieses Kind freudig zu übernehmen.

Nachdem sie ein paar Jahre lang mehr oder weniger notgedrungen als Familie zusammengelebt hatten und auch noch ein zweites Kind dazugekommen war, faßte die junge Mutter den Entschluß, daß sie "nun erst einmal ihre eigenen Bedürfnisse befriedigen" müsse und überließ ihrem Mann die beiden Kinder, um das Abitur nachzumachen, zu studieren und in einem Beruf, von Kindern unbehindert, zu arbeiten.

Das waren natürlich erschwerende Umstände für die Entwicklung der beiden Kinder. Doch beide Eltern beschlossen, daß die Jungen weiter im Pesta bleiben sollten und daß der Vater so weit wie möglich den Kontakt mit der Schule pflegen werde. Zusammen mit seiner neuen Freundin kam er häufig, um sich Rat und neue Kraft für seine Aufgabe zu holen. Es war keine "ideale" Situation für die Kinder. Beide zeigten jahrlang deutliche Zeichen von Streß: der ältere Bruder war oft niedergeschlagen oder aggressiv, und der kleine onanierte häufig im Kindergarten, entwickelte aber sonst Initiative in vielerlei Beschäftigungen. Erst nach Jahren meldete sich die Mutter wieder einmal zu einem Gespräch über ihre beiden Kinder. Und da wurde deutlich, daß sie das verspätete Nachholen von Jugendbedürfnissen ermüdet und sich ihre Vorstellung, im Berufsleben Erfüllung zu finden, in Resignation verwandelt hatte. Zu dieser Zeit begann sie, sich um das Wohlergehen ihrer Kinder Sorgen zu machen. Sie nahm nun einen Tag pro Woche von ihrer Arbeit frei, um die Jungen im Kindergarten und der Primaria zu begleiten. Mit dem Vater traf sie nun ein Abkommen, um sich in der Betreuung der Kinder abzulösen. Obwohl ihre Ehe weiter getrennt ist, kommen beide regelmäßig zu den Elternabenden und beziehen daraus offenbar eine gewisse Hilfe, denn die beiden Jungen sind in dieser letzten Zeit sicherer und harmonischer geworden, als wir sie in den letzten Jahren gesehen haben.

Es gibt viele Geschichten solcher Art, die beweisen, daß Eltern trotz vieler Hindernisse immerhin von der Schule ihrer Kinder Unterstützung bekommen können, um kleinere oder größere Schritte zur Verbesserung ihres eigenen

Lebens tun zu können. Immer wieder tanken sie hier Hoffnung, daß eine "andere Lebensqualität" trotz allem möglich ist, nicht nur für ihre Kinder und deren zukünftiges Leben, sondern auch für sie selbst, inmitten von schwierigen Arbeitsverhältnissen, Familienproblemen oder persönlichen Identitätskrisen. Ich erinnere mich an Ehepaare, denen erst durch den Widerstand ihrer Kinder gegen ihre Direktivität bewußt wurde, daß auch sie sich gegenseitig ähnlich respektlos behandelten und durch diese erstaunliche Einsicht neue Perspektiven für ihre Ehe entdeckten.

Andere waren so vollkommen engagiert, die Gesellschaft zu verbessern, daß sie nicht merkten, wie ihre eigenen Kinder aus Mangel an Zuwendung litten und aggressiv, verlogen oder gar zu Dieben wurden. Die Reaktionen auf solche Enthüllungen waren ganz unterschiedlich, aber wann immer Eltern sich entschlossen, ihre Kinder ebenso ernst zu nehmen wie ihre gesellschaftliche Verantwortung, begann auch für sie selbst ein Prozeß, der überraschende Bereicherung brachte.

Immer wieder gab es Eltern, die zwar durch ihre ersten Kinder relativ spät mit einer neuen Art von Erziehung in Berührung kamen und mit diesen Kindern eingefahrene Verhaltensmuster nicht so leicht verändern konnten. Doch bei der Geburt eines späteren Kindes gelang es ihnen oftmals schon vom ersten Tag an mit diesem Kind anders umzugehen.

Hier bahnte sich nun ein ganz anderer Prozeß an, denn die Erfahrungen, die sie jetzt in ganz kleinen Schritten machten, waren ganz und gar ihre eigenen und die Schlüsse, die sie aus ihnen zogen, hatten nicht mehr den Geschmack von fremden Ideen, für die man sich zwar begeistert, die aber noch durch jede unerwartete Situation ins Wanken gebracht werden.

In den Prozessen der verschiedenen Familien in ihrem Bemühen um eine bessere Lebensqualität und um reichere menschliche Beziehungen gibt es immer wieder Parallelen und Ähnlichkeiten. Trotzdem ist jeder Prozeß einzigartig und darf nur mit Vorsicht mit anderen verglichen werden. Wenn sich jemand auf das Angebot einer alternativen Erziehung einläßt, ist es darum unmöglich, vorauszusagen, wie dieses Abenteuer ausgehen wird.

Doch lenken die folgenden Beispiele vielleicht unsere Aufmerksamkeit auf gewisse Merkmale, die in den verschiedensten Prozessen immer wieder auftauchen und an denen wir uns mitten im Neuland überraschender Erfahrungen orientieren können.

Kopf und Herz zusammenbringen

Bei unserem ersten Gespräch mit dem jungen Architektenehepaar A. verstanden wir uns auf Anhieb gut. Beide kamen aus einer traditionellen ecuadorianischen Familie. Sie hatten sich auf der Universität kennengelernt und hatten nicht nur ihr Fach gemeinsam, sondern auch den Wunsch, ihren Horizont über die ziemlich engen Gedankenschemen ihrer eigenen Familien hinaus auszuweiten. Nach ihrem Studienabschluß hatten sie sich noch im Ausland spezialisiert und waren nun zurück in Ecuador, bereit in ihrem Beruf auf kreative Art zu arbeiten.

Beide waren in eine katholische Schule gegangen. Von dogmatischen Lerninhalten, strenger Disziplin und Gehorsamkeitsübungen hatten sie schlechte Erinnerungen und waren sich nun einig, daß sie für ihre kleinen Kinder diese Erfahrungen nicht wiederholen wollten.

Die vierjährige Tochter kam gleich in unseren Kindergarten; der zweijährige Bruder ein Jahr später. Carmen war ein herziges Mädchen, immer adrett gekleidet, mit einer großen Schleife im langen Haar, immer zum Lächeln bereit und aufmerksam auf jedes Anzeichen, ob wohl ein Erwachsener ein Material vorführte, an allen Angeboten für Gruppenbeschäftigungen wie Handarbeit, Singen, Tanzen oder Geschichteerzählen gleichermaßen interessiert.

Allmählich schloß sie Freundschaft mit anderen Kindern, doch bevorzugte sie Kinder mit starker Initiative und paßte sich dann an ihre Spiele an. Wenn es Konflikte gab, zog sie sich lieber in die sichere Nähe eines Erwachsenen zurück. Sie fand Spaß an Spielen im Freien, hatte aber Schwierigkeiten mit Klettergerüsten und fand es abstoßend im Sand zu spielen, weil dies ihre Kleider schmutzig machte.

Als ihr kleiner Bruder in den Kindergarten kam, hatte er große Schwierigkeiten, sich in der fremden Umgebung zurechtzufinden. Er zeigte weder Zutrauen zu Erwachsenen noch zu Kindern, fand nur für kurze Perioden Spaß an irgendeinem Spiel und isolierte sich oft. Wir rieten den Eltern, ihn nochmals für einige Monate zu Hause zu lassen, da ihm offenbar noch eine Portion Nestwärme fehlte. Nach drei oder vier Monaten machte David einen neuen Versuch. Er ging jetzt besser auf die Umgebung ein, doch verbrachte er die ganze Zeit draußen mit Bewegungsspielen möglichst weit entfernt von jeglichem Erwachsenen. Er vermied alle Angebote, die drinnen zu finden waren und interessierte sich niemals für Gruppenbeschäftigungen. Er hatte ständig Konflikte mit seinen Freunden, alles kleine Jungen mit ähnlichen Vorbehalten gegen kulturbeladene Aktivitäten wie er selbst. Immer wieder bekam er in Spielsituationen Wutanfälle. Auch wenn seine Schwester einmal aus Versehen seinen Yoghurt verspeist hatte oder sonst in sein Leben eingedrungen war, warf er sich weinend auf den Boden und wehrte sich heftig, wenn jemand ihn zu trösten versuchte. An seinem Äußeren war abzulesen, daß er seiner Mutter zu Hause den Krieg gegen Baden, Kämmen und gegen das Anziehen sauberer Kleider erklärt hatte.

Sobald Carmen sechs Jahre alt wurde, war sie eifrige Schülerin in der Primaria, obwohl bei uns die meisten Kinder dieser Altersstufe nach kurzen Erkundigungsbesuchen gerne wieder für eine Weile in den Kindergarten zurückkehren. Carmen saß täglich erstaunlich lange über

Schreib- und Malarbeiten oder in der Bibliothek. Nach kurzer Zeit konnte sie fließend schreiben und lesen. Vor den konkreten Mathematerialien hatte sie Scheu. Sie ließ sich gerne von ihrer Lieblingslehrerin ihren Gebrauch zeigen, beschränkte sich aber darauf, das Gesehene nachzuahmen, ohne neue Varianten auszuprobieren.

Als David sechs wurde, gab es für ihn nur eine kleine Verschiebung vom Spielgebiet des Kindergartens in die weiteren Spielflächen der Primaria. Es dauerte etwa drei Jahre, bis er in den Innenbereichen konkrete Materialien in der Primaria anfaßte.

Da das Ehepaar A. überzeugte "Pestalozzi-Eltern" waren und sie ihrer wiederholten Aussage nach keine Zweifel über die Vorzüge der aktiven Erziehung nährten, baten sie in jedem Schuljahr nur um ein Elterngespräch. Diese Gespräche verliefen immer ähnlich. Wir fragten, wie die Kinder ihre Freizeit verbrachten, und sie bestätigten uns, daß beide immer voll beschäftigt waren, Carmen mit Malen, Schreiben und Lesen und David mit freien Spielen. Unsere Zweifel, ob Carmen nicht allzu lieb und den Vorstellungen ihrer Eltern allzu angepaßt, David dagegen zu defensiv war, wiesen sie anfangs zurück. Gegen Ende des Gesprächs entdeckten wir meistens unscheinbare Situationen, die auch den Eltern Zweifel bereiteten. Sie versprachen, in solchen Situationen aufmerksam zu sein und zu versuchen, die Kinder zu unterstützen, ohne Problemlösungen vorwegzunehmen. Wir verabschiedeten uns immer mit gegenseitiger Umarmung und der Versicherung, daß es sich lohne, neue Wege für die Kinder zu suchen.

An den Elternabenden nahmen die A. anfangs noch regelmäßig teil, doch dann wurde ihre Gegenwart spärlicher. Sie entschuldigten sich immer wieder mit allzuviel Arbeit, und daß es ja jetzt auch nicht mehr so wichtig für sie sei, denn sie wüßten ja nun schon alles und seien ohnehin mit allem einverstanden.

Doch bei den Kindern war nach wie vor irgend etwas blockiert. Ihre Verhaltensmuster änderten sich nicht. Beide hatten Probleme, wenn auch jedes auf seine Art, mit konkretem Material allmählich so sicher und selbstverständlich umzugehen, wie wir es bei anderen allmählich beobachten konnten. Dabei entwickelten beide verschiedene Mechanismen, um andere ihre Unsicherheit nicht merken zu lassen.

Es fiel uns auch auf, daß Carmen sich in alle freiwilligen Kursangebote einschrieb, so daß ihr für spontane Tätigkeiten kaum Zeit blieb. Doch gleichzeitig war sie unaufmerksam und lustlos in den Kursen. Wenn man sie darauf aufmerksam machte und ihr vorschlug, nur solche Kurse zu belegen, an denen sie besonderes Interesse habe, versicherte sie sofort, daß sie "alles furchtbar interessiere". Zum Beispiel behauptete sie, gerne Flöte spielen zu lernen, ermüdete aber nach wenigen Minuten beim Spielen. Einmal in der Woche hörte man von ihr die Klage, daß sie »schon wieder in diesen blöden Musikunterricht ins Konservatorium müsse«. Als wir bei den Eltern nachfragten, bestand ihre Mutter darauf, daß Carmen diesen Unterricht so gerne habe, daß sie die ganze Woche ungeduldig darauf wartete. Nach einem Jahr war von der Musik nicht mehr die Rede, aber dafür nahm sie an den Nachmittagen Kurse in Gymnastik, dann Ballet, dann Malen. Auf unsere Nachfrage hin bekamen wir die Erklärung, daß wir ja selbst Zweifel gehabt hätten, ob das Malen und Schreiben zu Hause für Carmens Entwicklung so günstig sei.

Wie früher schon, war David für Kurse in all dieser Zeit überhaupt nicht zu gewinnen. Er richtete sein Leben so ein, daß die Erwachsenen nach Erfüllung seiner leiblichen Grundbedürfnisse an der Peripherie seiner Tätigkeiten blieben. Beide Kinder hatten trotz ihrer sonstigen Unterschiede gemeinsam, daß sie feste Grenzen, die dem Respektieren der Umgebung und der Mitschüler dienen, nur scheinbar annahmen, dann aber hinter dem Rücken der Erwachsenen gegen diese Regeln verstießen. Carmen verstieß vor allem gegen die Hausregeln, im Umgang mit didaktischem Material nicht zu essen und in Bereichen, die für ruhige Arbeit reserviert sind, keine störenden Unterhaltungen mit Freundinnen zu führen.

David hatte vor allem Probleme, seine eigene Wut nicht an Kameraden auszulassen, sie nicht zu treten oder zu beschimpfen. Wenn ein Erwachsener in seine Konfliktsituationen kam, um durch seine Gegenwart ein offenes Herauslassen der Probleme ohne Gefährdung der anderen zu unterstützen, verzog er sich mit der Erklärung, es sei doch gar nichts gewesen.

Andere Eltern, deren Kinder oft bei Carmen und David spielten, ließen hin und wieder die Bemerkung fallen, daß dort vieles passiere, daß mit den Hinweisen, die man im Pesta bekomme, nicht zusammenstimme. So müsse Carmen ihre Haare so tragen, wie es ihrer Mutter gefalle; sie dürfe nur aus dem Haus, wenn sie zu Kursen oder zu Besuch gefahren werde; am Tisch würden die Kinder gezwungen, das zu essen, was die Mutter für gesund halte. Der Vater komme immer erst spät abends nach Hause, die Mutter arbeite auch meistens und sitze sonst vor dem Fernseher.

Die Beteiligung der Eltern an Schulaktivitäten wurde immer sporadischer. An Schulfesten konnte man beobachten, daß der Vater zu viel trank. Nach ein paar Bieren wurde er redselig, und dabei klangen Probleme in der Arbeit und zu Hause an und auch, daß er eben seine alten Gewohnheiten habe, seine Kinder zu behandeln, und das sei in Ordnung, denn die gute alte Erziehung habe eben auch ihre positiven Seiten gehabt.

An Elternabenden, zu denen die Mutter hin und wieder erschien, vertrat sie immer häufiger die Ansicht, daß es eben doch wichtig sei, den Kindern Fachwissen beizubringen. In Einzelgesprächen versuchten wir immer wieder klarzustellen, daß für uns die persönliche Entwicklung der Kinder wichtiger sei als Fachwissen – daß sie zum Beispiel erst einmal sicher und spontan mit der vorbereiteten Umgebung umgehen können, Entscheidungen treffen, Gleichgewicht zwischen selbständiger Betätigung und Zusammenarbeit mit anderen lernen.

Auch bei Carmens Übergang in die letzte Stufe unserer Primaria kam es anfangs zu keiner klaren Entscheidung der Eltern. Die Mutter nahm allein, aber auch nur an der Hälfte der Vorbereitungsabende teil. Im Kontrakt für diese Altersstufe steht eine Klausel, daß Kurse außerhalb der Schule nur nach Übereinkommen mit uns genommen werden dürfen. (Diese Klausel wurde in den letzten zwei Jahren eingeführt, weil wir immer und immer wieder ähnliche Widersprüche bei den Kindern entdeckten, wie ich sie bei Carmen beschrieben habe. Außerdem verbinden die Adoleszenten bei uns immer längere Arbeitserfahrungen und Reisen mit den Angeboten innerhalb der Schule. Diese Möglichkeit wird durch feste Kursvereinbarungen sehr eingeschränkt). Carmens Eltern unterschrieben den Vertrag, aber bald stellte sich heraus, daß sie sie in mehrere Fremdsprachenkurse in Quito eingeschrieben hatten. Als wir auf diesen Widerspruch hinwiesen, redeten sie sich heraus, daß sie die Klausel nicht gesehen hätten.

In einer Reihe von Gesprächen, die teilweise mit Carmen, teilweise ohne sie stattfanden, versuchten wir zu einer Entscheidung zu gelangen: Da Carmen in der Schule nach so langer Zeit noch immer zu keiner echten autonomen Aktivität fähig war, sich auch immer noch vor kleinen Denkschritten mit konkreten Materialien drückte und an allem nur lustlos herumstocherte, müsse sie entweder mit den Sprachkursen aufhören oder sonst eine andere Schule suchen.

Doch die Eltern weigerten sich zunächst, einen festen Standpunkt einzunehmen. Ihr Argument war, Carmens Schwierigkeiten seien doch nur altersbedingt, sonst sei alles in bester Ordnung. Erst als wir auf die Schwierigkeiten ihres Bruders hinwiesen, der ja noch in seinen besten operativen Jahren sei, aber trotzdem keine Sicherheit in der vorbereiteten Umgebung habe, stießen wir auf irgend eine weiche Stelle bei ihnen. Die Eltern gaben zu, daß auch sie begonnen hatten, sich um David Sorgen zu machen, und vielleicht hätten seine Schwierigkeiten etwas damit zu tun, daß es zwischen ihnen schon lange nicht mehr stimme. Vielleicht hätten die Kinder im Grunde Angst, daß die Eltern sich trennen könnten...

Zum ersten Mal in zehn Jahren gaben sie offen zu, daß zu Hause nicht alles so rosig war, wie sie es in all diesen Jahren ausgemalt hatten.

Zum ersten Mal konnten wir uns einigen, zusammen feste Grenzen zu setzen, durch die auch die Eltern gezwungen waren, eine zweckmäßigere Zuwendung für ihre Kinder zu finden. Zum ersten Mal ging ihnen ein Licht auf, daß sie dem Handeln und Denken ihrer Kinder oft vorgegriffen hatten, sie unaufhörlich für dies und jenes zu interessieren versuchten, auch immer wieder so ratlos waren – und das wußten wir bisher nur aus zweiter Hand – daß sie Schläge verteilten, wenn immer die Kinder nicht so wollten wie sie.

Es ist erst ein paar Wochen her, daß beide Eltern zusammen und in dieser Stimmung, zu einem Elternabend kamen. Zum ersten Mal interessierten sie sich ehrlich dafür, was der Grundsatz "Vom Konkreten zum Abstrakten" in der Wirklichkeit eines Kindes bedeutet und was geschieht, wenn Verständnisstrukturen, die aus eigenem Handeln stammen sollten, so schwach bleiben, daß die spontane Interaktion mit der Umwelt immer mehr durch Abhängigkeits- oder Verteidigungsstrukturen ersetzt werden. Als wir von der Wichtigkeit unbedingter Liebe und des Respekts für sensorische, motorische und intellektuelle Autonomie innerhalb klarer Grenzen sprachen, drückten beider Gesichter aus, daß sie auf eine Weise berührt waren, die wir bisher bei ihnen nicht gesehen hatten. Kopf und Herz waren irgendwie in Kontakt gekommen. Freiwillig schrieben sie sich beide nochmals in den Vorbereitungskurs für Secundaria-Eltern ein.

Es mag wie ein Wunder klingen, aber nach diesem Wandel war der zwölfjährige David in den letzten Wochen viel aufgeschlossener, konnte sich nun erstaunlich lange konzentrieren und schien unabhängiger von seinen Gefährten, von denen er sich vorher kaum löste.

Bei Carmen war eine Veränderung hin zur Normalisierung nicht so schnell zu bemerken. Noch lange grüßte sie vor allem die Erwachsenen mit einem offensichtlich unechten Lächeln und klebte weiter an ihrer Freundin, ohne ihre eigenen Interessen identifizieren zu können. Erst nach ein paar Monaten merkten wir mit Erleichterung, wie sie allmählich zu sich kam. Mit großer Intensität begann sie, ein ausführliches Tagebuch zu führen, auf das sie sich immer wieder bezieht, wenn sie, was jetzt häufig vorkommt, mit uns über den Sinn ihres Lebens zu reden sucht.

Soziale Erwartungen und neue Erziehung

Sandra war von Anfang an bei uns im Kindergarten. Damals versuchten wir uns noch vor allem nach dem Montessori-Modell auszurichten. Viele Zusammenhänge zwischen authentischen Bedürfnissen und spontaner Interaktion mit der Umwelt lagen für uns noch im dunkeln. So war es durchaus noch so, daß wir zum Beispiel dem strukturierten Montessori-Material wunderbare Kräfte zuschrieben, während wir die Komplexität innerer Bedürfnisse und deren Wechselspiel mit den sozialen Erwartungen noch in keienr Weise einschätzen konnten.

Sandras Mutter war sofort von solch einem Kindergarten angetan, einerseits, weil sie in der Nähe wohnte, andererseits weil die Montessori-Idee auch in ihr Leben paßte, das eine Mischung aus Bindung an eine altehrwürdige Familie, einem Trend "zurück zur Natur" und der Suche nach Selbstverwirklichung war. Der Vater war mit seinem Beruf und zahlreichen sozialen Verpflichtungen offenbar ausgelastet. Jedenfalls zeigte er kein Interesse an der Kindergartenerfahrung seiner kleinen Tochter und beschränkte sich immer auf unverfängliche Gespräche und freundliches Grüßen, wenn wir hin und wieder zusammenkamen. Er hielt diese Distanz auch noch aufrecht, als Sandra Schülerin einer alternativen Primaria wurde, die vom Ministerium nicht einmal genehmigt war.

In diesen ersten Jahren kamen wir regelmäßig in einer Studiengruppe zusammen, in der sich allmählich unsere kritische Haltung gegenüber formaler Erziehung herauskristallisierte und das Übereinstimmen verschiedener psychologischer und sozialer Studien die erste Grundlage für unser eigenes Konzept ergab. Auch Sandras Mutter zeigte daran Interessse. Damals trugen wir eine Menge Daten und Ideen zusammen, und je mehr Austausch wir hatten, desto bereicherter fühlten wir uns.

Unsere Elternabende drehten sich anfangs vor allem um die Erfahrungen Montessoris und um Kinderpsychologie. Elterngespräche hielten wir meistens nur, wenn Kinder sichtbare Schwierigkeiten hatten. Über Sandra sprachen wir mit der Mutter nur hin und wieder nebenbei, ohne tiefer in ihre Geschichte einzudringen. Wir hörten immer wieder, daß sie "ein außergewöhnlich glückliches Kind" sei. Es gab scheinbar keinen Grund, sich um sie Sorgen zu machen. Die Eltern bewahrten große Zurückhaltung, was ihre Familiensituation anbetraf. Einmal bemerkte ich bei einem flüchtigen Besuch, daß Sandras Matratze in der Sonne trocknete. Damals war sie acht Jahre alt. Die Bemerkung der Mutter, daß das Kind noch immer ins Bett mache, daß sie aber sicher bald darüber hinweg käme, drang in mich in der augenblicklichen Situation nicht ein. Ich war auch noch nicht so wach dafür, Verbindungen herzustellen zwischen körperlichen Zeichen von Streß und der Fähigkeit eines Kindes, spontan auf seine Umgebung einzugehen. Wenn wir mehr Erfahrung gehabt hätten, wäre uns damals wohl aufgefallen, daß Sandra sich selten richtig freispielte, daß sie im Umgang mit Material gehemmt war und sich selten aus den Grenzen "richtigen" Verhaltens und "richtiger" Lösungen hinauswagte. Im Umgang mit Erwachsenen war sie höflich und freundlich, aber nie wirklich offen oder zutraulich. Ich kann mich nicht erinnern, daß sie jemals von Herzen geweint und sich dann in den Arm hätte nehmen lassen, bis sie sich wieder beruhigt hatte.

Es gab also etliche Anzeichen, die für uns heute genügend Anlaß zum Nachforschen wären. Doch damals lag für uns das Schwergewicht noch auf dem Aufbau der Schule, der viele äußere und innere Unsicherheiten mit sich brachte, und so waren wir froh über jede wohlgemeinte Unterstützung. Erst nach und nach merkten wir, daß es auch bei freundschaftlichen Beziehungen zu den Eltern wichtig ist, das Gespräch über den Prozeß des Kindes immer offen zu halten und auch Klarheit zu schaffen, ob denn beide Elternteile mit den Werten der Schule wirklich einverstanden sind. Aus Unerfahrenheit schenkten wir diesen beiden Bereichen nicht genügend Aufmerksamkeit und so sammelten sich mit der Zeit verschiedene ungeklärte Fragen an, die schließlich dazu führen sollten, daß sich Sandras Mutter, trotz ihrer anfänglich freudigen Zustimmung zu einer neuen Erziehung für ihre Tochter, vom Pesta trennte und dabei eine ganze Menge Kinder mitnahm, die unter ähnlichen Voraussetzungen wie Sandra zu uns geschickt wurden.

Äußerlich ergaben sich verschiedene Situationen, in denen wir eine deutliche Grenze setzen mußten, um die Grundlagen unserer Initiative nicht zu gefährden. Sandras ältere Schwester nämlich, die bei ihrem Eintreten in unseren Kindergarten bereits in eine traditionelle Grundschule ging, zeigte immer mehr Anzeichen von Schulstreß, der sich bald zu häufigen Asthmaanfällen somatisierte. Immer wenn sie solch einen Anfall bekam und darum nicht in ihre Schule gehen mußte, wollte sie dafür ihre kleine Schwester in den Kindergarten begleiten. Dort verschwand das Asthma, und wir gewöhnten uns schon daran, sie immer häufiger im Pesta zu Besuch zu haben. Schließlich entschloß sich die Mutter, ihre zehnjährige Tochter für ein Jahr aus der Schule zu nehmen und bat uns, sie bei uns ein Jahr lang "in Ferien" zu nehmen. Wir stellten klar, daß es sich dabei wirklich um Ferien handeln würde, denn unsere Primaria war erst zwei Jahre alt. Alle anderen Kinder waren noch klein, und die Umgebung war für größere Kinder noch nicht mit ihnen entsprechenden Materialien ausgerüstet. In diesem Jahr ging es Andrea gesundheitlich und emotional so gut, daß nach Aussage der Mutter alle Bekannten über die Veränderung nur staunen konnten. Monatelang spielte Andrea begeistert alles, was man nur spielen konnte. Ihretwegen schafften wir für die Primaria eine Menge Spielelemente an, die vorher offenbar gar nicht notwendig gewesen waren, weil die Kinder sich schon im Kindergarten sattgespielt hatten. Gegen Ende dieses Schuljahrs bekam Andrea dann Lust auf konkrete Mathematerialien und merkte kaum, daß sie damit ihre Rechenkünste rekonstruierte, obwohl ihr das Rechnen vorher besonders verhaßt gewesen war.

Als nun das "Ferienjahr" zu Ende ging, wurde uns von Andreas Mutter angetragen, ihre große Tochter weiter zu behalten, weil ihr diese Umgebung so offensichtlich gut tat. Wir machten den Einwand, daß wir für diese Altersstufe nicht genügend Material hätten. Wir wollten auch nicht gegen unseren Grundsatz gehen, selbst zusammen mit den heranwachsenden Kindern Erfahrungen im Fortschreiten unseres Ansatzes zu sammeln und nichts zu forcieren, was über unsere eigenen Kräfte ging – und mit den Bedürfnissen von Kindern in diesem Alter hatten wir uns bis dahin noch kaum auseinandergesetzt.

Doch dann waren wir verblüfft, weil Andreas Mutter den Standpunkt vertrat, es sei nun ohnehin Zeit für sie, wieder formellen Unterricht zu bekommen und wir sollten eben mit ihr eine Ausnahme machen und ihr individuellen Fachunterricht geben. Sie fand es unverständlich, daß wir uns mit der Erklärung weigerten, daß wir unsere ganze Kraft in die spezifische Aufgabe stecken wollten, Schritt für Schritt neue Wege der Erziehung zu finden.

Gerade zu dieser Zeit klärte sich nämlich unser Verständnis immer mehr, was das Spezifische an unserer Arbeit sein müßte, nämlich der Respekt vor Wachstums- und Reifeprozessen als Priorität und die Überzeugung, daß Wissen ohne Verständnis schädlich ist. Wir sahen auch immer deutlicher, wie sehr echtes Verständnis mit biologischen und emotionalen Prozessen in Wechselbeziehung steht und nicht durch Belehren beschleunigt werden kann.

Nach unserer Absage kühlte sich unser Freundschaftsverhältnis merklich ab. Dabei konnten wir zum ersten Mal deutlich beobachten, wie sehr die Meinungen und Haltungen der Eltern das Zutrauen und die Spontanität ihres Kindes beeinträchtigen können. Sandra blieb weiter bei uns, doch ihre sonst schon etwas reservierte Art steigerte sich nun zu mißtrauischen Blicken, als wollte sie abschätzen, was wirklicher sei: ihre Erfahrung mit uns oder die kritischen Kommentare ihrer Eltern.

In Sandras letztem Jahr bei uns gab es einen weiteren neuen Faktor in unserer Umgebung. Wir hatten mit der "Federación Interprovincial de Indígenas Saraguros", einem Indianerstamm im Süden Ecuadors, ein Abkommen getroffen, daß fünf ihrer Leute bei uns ein einjähriges Praktikum absolvieren könnten, in der Hoffnung, in Saraguro neue Wege der Erziehung einzuschlagen. Obwohl in Ecuador offiziell viel vom Respekt für Indianer geredet und geschrieben wird, sind Vorurteile und Rassenunterschiede dennoch tief verwurzelt. Auch auf den Gesichtern von "netten" Pestalozzi-Eltern entdeckten wir Erstaunen und Stirnrunzeln, wenn sie zu Besuch kamen und ihre Kinder im engen

Kontakt mit indianischen Erwachsenen, also "Lehrern" sahen. "Wer sind denn die?", hörten wir mehr als einmal als spontane Reaktion auf solch unerhörten Anblick.

Die gebildeteren Leute dagegen, die sich schon für Anthropologie interessiert hatten, zeigten ihre Zweifel nicht so offen, denn "fremde Kulturen" sind ja Teil ihrer Bildung. Doch etwas ganz anderes ist es freilich, wenn ein Indianer dem eigenen Kind vollkommen gleichgestellt ist.

Sandras Mutter versuchte zunächst, an Elternabenden und Kommittee-Sitzungen Druck auszuüben, daß soziale Integration erst dann ins Auge gefaßt werden sollte, wenn ein sichtbarer Überschuß im Budget gesichert sei. (Eine Forderung, die für eine Alternativschule, nicht nur in Ecuador, offenbar unerfüllbar ist!) Andererseits sei es wichtig, den berechtigten Erwartungen der Eltern entgegenzukommen und den Forderungen des Ministeriums nach einem vorgeschriebenen Curriculum sowie der Tradition einer guten Allgemeinbildung zu genügen. Diese Forderung paßte auch zu den Erwartungen einer Zahl anderer Eltern, die dann – wie schon erwähnt – gemeinsam den Pesta verließen, weil wir »leider so verschlossen seien, daß man mit uns nicht vernünftig reden könne«.

Das war eine schmerzliche Erfahrung für uns. Sie ging auch dem ökonomischen Lebensnerv unserer Initiative sehr nahe, denn es waren nur vollzahlende Schüler aus "besseren Familien", die damals abgingen und dabei unser ohnehin kritisches Gleichgewicht zwischen zahlenden und nicht- oder teilweise zahlenden Schülern arg gefährdeten. Doch auf die Dauer hatte diese Geschichte viele positive Folgen, denn sie führte dazu, daß wir unser Grundkonzept immer mehr klärten und dadurch auch neuen Eltern, die eine Alternative suchten, präziser sagen konnten, was sie von uns zu erwarten hatten. Wir wurden nun auch aufmerksamer für gewisse

Symptome, die darauf hindeuten, daß ein Kind im Konflikt zwischen Elternhaus und seiner Erfahrung in der Schule steht. Dabei lernten wir, Grenzen früher zu setzen, zum Beispiel uns nicht zufrieden zu geben, wenn nur ein Elternteil Interesse an der Schule zeigt. Wir begannen, Familiengespräche auch dann regelmäßig zu führen, wenn kein offensichtlicher Grund zur Sorge vorhanden ist, um den Kontakt mit den Eltern nicht zu verlieren und möglichen Unstimmigkeiten auf die Spur zu kommen.

Durch all diese Vorkommnisse wurde uns immer mehr bewußt, wie stark der Sog des Herkömmlichen und das Bedürfnis nach Kontrolle auch bei Menschen ist, die ehrlich etwas Neues für sich und ihre Familie wünschen. Gezwungenermaßen mußten wir uns nun auch verstärkt mit der Problematik auseinandersetzen, ob eine Erziehung, die biologische und psychologische Wachstumsprozesse des Kindes und seine innere Autonomie respektiert, zum "Verwildern" führt und die Errungenschaften der Tradition und der Zivilisation geringschätzt.

Schließlich verstärkte diese Erfahrung auch unseren Grundsatz, daß eine Erziehung, die Lebensprozesse respektieren will, nicht elitär sein sollte. Wir können nicht abwarten, bis wir einen Überschuß haben, um ärmeren Kindern die Türe zu öffnen, denn die gegenseitige unmittelbare Erfahrung mit Menschen aus anderen sozialen Situationen, in der gegenseitiger Respekt zur Grundregel geworden ist und wo alle Lernende sind, wiegt die finanziellen Schwierigkeiten immer wieder auf.

Ein langer Weg

Als das Ehepaar B. das erste Mal auf unserem Sofa Platz nahm, wurde mir dessen Schäbigkeit plötzlich bewußt. In unserem Wohnzimmer spielten ja am Morgen viele Kindergartenkinder, weil es von der mit Materialien vorbereiteten Umgebung nur durch drei Stufen getrennt war. Dort stand auch das Cembalo, mit dessen Unterstützung wir jeden Tag musizierten und tanzten, und dabei füllte sich das Zimmer immer mit einer ansehnlichen Schar Kinder. Und immer wenn ein Kind müde wurde oder Bauchschmerzen hatte, landete es auf diesem Sofa, das demzufolge entsprechende Spuren aufwies. Am Mittag wurde dann alles eilig geputzt und gefegt, denn gleich nach dem Essen standen die Räumlichkeiten wieder für Lehrersitzungen oder Elterngespräche zur Verfügung.

Frau und Herr B. kamen gerade aus ihrem Büro und waren sehr förmlich gekleidet, wie das in Quito im höheren Berufsleben üblich ist. Ich schaute auf Mauricios blaukariertes Hemd und auf meine ausgewaschenen Jeans und ausgetretenen Sandalen, die in unserer Arbeit mit den Kindern so bequem waren, und – entspannte mich in meinem selbstgezimmerten Sessel.

Sie wollten also ihr zweites Kind, einen vierjährigen Sohn, im Kindergarten einschreiben. Seine achtjährige Schwester war bereits in einer bekannten katholischen Schule, die von Familien höherer Schichten bevorzugt wird, weil sie eine traditionsgebundene Erziehung garantiert und die Kinder dort den "richtigen" sozialen Umgang haben. Nach diesen Vorinformationen empfanden wir es als besonders wichtig, auf die "Wildheit" des Pesta hinzuweisen – Kinder kommen oft verschlammt nach Hause. Wenn sie sich nicht für strukturierte Tätigkeiten interessieren, zwingt sie niemand dazu usw. Das könnte schon im Kindergarten gewisse Konflikte schaffen. Die Primaria sei sogar noch schlimmer, denn unsere Umgebung ist nicht zum "Lehren" vorbereitet, sondern zum selbständigen Lernen durch vielerlei konkrete Erfahrungen. Aber wenn es dann soweit wäre, könnte das Kind ja in eine andere Schule überwechseln.

Das Ehepaar gestand, daß sie vom Pestalozzi schon sehr widersprüchliche Kommentare gehört hätten, sehr positive, aber auch sehr negative. Sie fühlten jedoch, daß ihr kleiner Sohn besondere Zuwendung brauche. Sie hätten schon ein paar Kindergärten probiert, es hätte aber nicht geklappt. Sie erzählten, daß Daniel bereits dreimal fast ertrunken sei – sie beschrieben alle Einzelheiten – und nun habe er ein Trauma, und sie hofften, daß er in einer entspannten Umgebung vielleicht darüber hinwegkommen könnte. Sie wollten nun genau wissen, was wir mit einem Kind in diesem oder in jenem Fall machen und ob wir Daniel die nötige Unterstützung geben könnten. Dabei kamen wir immer tiefer ins Gespräch, und sie bohrten nun nach, wie wir im Pesta mit Primariakindern umgingen.

Als wir die Arbeit in der Primaria und ihre theoretischen Grundlagen beschrieben, türmten sie sofort Widerstände gegen das Einfließen neuer Ideen auf. Zum Glück sei ihre Tochter absolut glücklich in ihrer Schule. Es sei ja auch wichtig, daß sich Kinder von klein auf an ihre Gesellschaft gewöhnten, denn wer will schon aus der Reihe tanzen? Wir gingen also zu den Formalitäten der Einschreibung ihres

Sohnes über und verabschiedeten uns. Doch ein paar Tage später riefen sie an, ob sie doch noch einmal vorbeikommen könnten. Wir glaubten, daß sie es sich wegen Daniel anders überlegt hätten und gaben ihnen einen neuen Termin.

Diesmal waren sie weniger formell gekleidet. Sie eröffneten das Gespräch mit der Verkündung, daß sie seit unserer Unterredung ständig miteinander diskutiert hätten. Es sei wegen der achtjährigen Cristina. Sie wollten doch noch einmal alle Argumente für eine andere Erziehung durchsprechen. Wir beleuchteten also, so gut wir es damals verstanden, die Problematik der Schule von verschiedenen Seiten, bekamen bald Zustimmung, bald Stirnrunzeln als Reaktion. Sie berichteten ein wenig von sich selbst. Beide kamen aus Diplomatenfamilien. Beiden war es im Leben immer gut gegangen: gutes Einkommen, Hausbesitz, interessante Berufe, ein intensives Gesellschaftsleben. Und beide waren natürlich in die "besten" Schulen gegangen und seien froh über diese Erfahrung und all die Kenntnisse, die sie erworben hätten. Wir dagegen stellten unseren Standpunkt klar: Wir hatten mit der Primaria angefangen, um unserem zweiten Sohn die Schulerfahrung zu ersparen, da wir aus dem Prozeß unseres ersten Sohnes gelernt hatten. Wir wollten niemanden überreden, unsere Ansichten zu teilen, seien aber immer offen, Informationen über unsere Arbeit zu geben.

Nach einer Woche saßen die beiden wieder auf unserem Sofa. Hinter ihnen lag wiederum eine Zeit voller intensiver Gespräche. Sie hatten inzwischen ihre Tochter genauer in Augenschein genommen. Ein paar Dinge machten sie nachdenklich: Appetitlosigkeit, ein Tick im linken Auge, häufige Langeweile, sobald die Hausaufgaben erledigt waren. Was wir dazu meinten?

Nach über zwei Stunden gingen sie und meinten, sie müßten weiter miteinander reden und würden sich dann wieder melden. Eine Woche später kamen sie in nachdenklicher Stimmung wieder. Sie hatten angefangen, an der Wahrhaftigkeit und dem Sinn des Schulwissens zu zweifeln und wollten diesen Aspekt weiter diskutieren. Herr B. hatte sich auch in dieser Woche an lang vergessene Episoden aus seinem Leben erinnert: Wie ihm das Diplomatenleben seiner Eltern zuwider wurde und er mit neunzehn Jahren von zu Hause fortgegangen war, um in einem anderen Land zu studieren. Er beschrieb die Trennungsszene: Er saß in einem Londoner Bus und winkte von oben seinen Eltern zum Abschied. Dabei empfand er tief in sich, daß das Leben vielleicht viel weiter und ganz anders sei, als er es bisher erfahren hatte.

Einige Monate später, als er zusammen mit Freunden in einem Strandlager am Meer war, hatte er eines Abends ein "Tunnelerlebnis". Er fühlte, daß er zwischen Leben und Tod schwebte. Doch das Fortgehen war so wunderbar, daß er furchtbar enttäuscht war, als eine Kraft ihn wieder zurückbrachte. Er suchte sich zu wehren, doch dann gab er den Widerstand auf und fand sich wieder in seinem Bett. Noch lange wirkte dieses Erlebnis in ihm nach, doch allmählich bekam der Alltag wieder die Überhand: die Freunde, das Studium, dann der Beruf, der Wohlstand, die Familie, die tägliche Routine...

Wir hatten im ganzen acht solcher Gespräche, bevor sie sich entschlossen, Cristina in den Pestalozzi zu bringen. Das Mädchen begann bald, die vorbereitete Umgebung intensiv zu nutzen. Sie konnte mit strukturierten und nichtstrukturierten Materialien etwas anfangen, ihre Zeit zwischen Spiel und didaktischer Arbeit einteilen und fühlte sich auch bald im Umgang mit Erwachsenen sicher. Sie hatte eine energische, oft imposante Art, mit anderen Kindern umzugehen. Als sie für drei Monate Präsident der Primaria war, kommandierte sie die Kinder in der wöchtentlichen Generalversammlung so herum, daß zwar alles bestens klappte, aber immer mehr Klagen über den "Diktaturzustand" eingingen. Ihre Stimmung war meist fröhlich, doch fiel uns auf, daß sie am Morgen oft niedergeschlagen ankam, kaum jemanden grüßte, dann aber allmählich auftaute. Schon bald bezeugten die Eltern, daß sie auch zu Hause viele positive Veränderungen wahrnahmen. Eine davon war, daß Cristina ihre frühere Verachtung gegenüber Menschen aus anderen Gesellschaftsschichten und Rassen abgelegt hatte, daß sie sich nun auch liebevoll um jüngere Verwandte, einschließlich um ihren kleinen Bruder kümmerte.

Daniel paßte sich im Kindergarten nach anfänglicher Scheu an. Eigentlich zu gut, denn er hielt sich vor allem in der Nähe liebevoller Erwachsener oder kraftstrotzender kleiner Jungen auf, machte gelehrig nach, was andere vormachten, doch ergriff er selten selbst die Initiative. Er lächelte jeden Erwachsenen charmant an und grüßte die gleiche Person am gleichen Tag mehrmals als sähe er sie zum ersten Mal. Wir besprachen diese Phänomene mit den Eltern, und sie führten alles auf seine Traumata zurück und hofften, daß er aus diesem Verhalten mit der Zeit von selbst herauswachsen würde. Als er dann in die Primaria kam, war keine sichtbare Veränderung eingetreten. Bei der kleinsten spontanen Aktivität erschrak er vor seiner eigenen Courage. Wenn er an die Grenzen irgendeiner Hausregel stieß, wurde er sofort nervös. Beim kleinsten Konflikt mit anderen Kindern gab er sofort klein bei. Er bat öfters, daß man ihm etwas Neues zu tun zeige, doch kaum war die kurze Einführung vorbei, blieb er verträumt vor seinem Material sitzen und vergaß, was er eigentlich tun wollte. Fiel jedoch der Blick eines Erwachsenen auf ihn, so lächelte er freundlich und interessierte sich scheinbar für seine Aktivität, bis der Erwachsene wieder außer Sichtweite war. Sobald sich aber eine Gelegenheit anbot, einen Erwachsenen in ein intelligentes Gespräch zu verwickeln, war Daniel in seinem Element. Wir Erwachsenen dagegen waren ratlos, welche Unterstützung wir ihm geben konnten, ohne seine Abhängigkeit noch zu vergrößern. Wir wußten, daß er sich im freien Rollenspiel an seine Ängste heranpirschen und sie so allmählich auflösen könnte. Aber in seinen Spielen imitierte er nur immer andere Kinder und paßte sich ihren Ideen völlig an. Da er also immer angepaßt, immer nur lieb und überhaupt wenig beweglich war, stieß er fast nie an Grenzen, die für andere Kinder schmerzliche Erfahrungen bedeuten und sie hin und wieder zum Weinen bringen. So gab es auch von dieser Seite her keine Öffnung und Lockerung.

Mit der Zeit engagierten sich die Eltern im Aufsichtsrat der Stiftung. Sie gaben entschiedene Unterstützung, als einige Eltern die soziale Integration und Arbeit mit Indianergemeinschaften unterbinden und die Schule in Richtung größerer Anpassung ans öffentliche Curriculum treiben wollten. Diese mutige Stellungnahme gerade von Menschen aus einer sozialen Schicht, die normalerweise andere in Ecuador stark diskriminiert, gab uns großes Vertrauen. Wo immer sie konnten, traten sie mit großer Überzeugung für die Schule ihrer Kinder ein. Irgendwie zogen wir den Schluß, daß solch entschiedenes Verhalten sich auch in der Familie positiv auswirken müßte.

Doch beide Eltern waren stark in einem verantwortungsreichen Berufsleben eingespannt. Sie beklagten sich zwar über ihr "künstliches Leben", das immer mehr zu ihren Hoffnungen auf ein natürlicheres und authentischeres Leben in Widerspruch stand, doch die Bindungen waren noch zu stark und die Möglichkeit, in kulturellen und sozialen Begebenheiten wenigstens zeitweise Bereicherung zu finden, war ständig offen und wurde reich genutzt. Eine liebevolle, sehr traditionelle Großmutter war ständig bereit, die Kinder zu übernehmen. Auch wurden für Cristina Klavierstunden und allerlei sonstiger Kulturbetrieb organisiert. Als ich einmal Zweifel wegen ihres mechanischen Klavierspiels anmeldete, konnte sich ihre Mutter nicht vorstellen, wovon ich redete. Es klänge doch so schön, außerdem habe Cristina soviel Spaß beim Üben und sei begeistert, wenn sie beim Schülerkonzert auftreten dürfe. Und dann gehe natürlich die ganze Großfamilie ins Konzert, und das sei jedesmal ein Fest.

Daniel zeigte keine solchen Ambitionen, aber keiner konnte etwas dagegen machen, daß er den ganzen Nachmittag und Abend am Fernseher verbrachte. Man konnte das Ding auch nicht abschaffen, denn besonders der Vater fand nach seiner oft unbefriedigenden Berufsarbeit am Abend wenigstens ein paar Stunden Entspannung beim Fernsehen. Auch müße er ja in seinem Beruf darüber informiert sein, was in der Welt vor sich ging.

Es war für Frau B. eine schlechte Nachricht, als sie nach acht Jahren noch einmal schwanger wurde. Doch dann akzeptierte sie das dritte Kind mit Freude und versuchte, trotz all ihrer Verpflichtungen außerhalb des Hauses, in der kurzen Zeit des Zusammenseins mit diesem Kind neue Haltungen und Verhaltensmuster, die ihr nun durch ihren Kontakt mit dem "Pesta" zugänglich geworden waren.

Cristina wurde eine der ersten Schülerinnen unserer experimentellen Secundaria. Sie kam nun in die Pubertät und hatte große Stimmungsschwankungen. Sie konnte sich zwar für Angebote immer wieder begeistern, doch es fiel ihr ungeheuer schwer, eigene Initiative für Erfahrungen innerhalb und außerhalb der Schule zu ergreifen. Immer öfter saß sie lustlos herum, meinte daß sie nichts Interessantes zu tun fände, daß sie sich auch für keines der Arbeitsangebote draußen entschließen könne. Schließlich suchte sie sich dann eine traditionelle Sekundarschule in Quito mit der Erklärung, daß sie im Pesta nicht genügend gleichaltrige Freunde habe. Dort entdeckte sie dann nach ein paar Monaten, daß es nicht auf die Quantität sondern auf die Qualität ankommt und verbrachte ihre Freizeit ausschließlich mit Pesta-Freunden. Sie hat inzwischen ihr Abitur gemacht und ein Biologiestudium begonnen. Doch nun kommt sie, so oft es ihre Zeit zuläßt, zu Besuch und entdeckt immer etwas Neues, das sie früher nicht wahrgenommen hatte. Im letzten Semester kam sie einmal pro Woche, angeblich um hier "Insekten zu beobachten". Doch in Wirklichkeit suchte sie menschliche Zuwendung bei Lehrern und Freunden, die sie früher noch nicht richtig zu schätzen gewußt hatte.

Das Ehepaar B. ging vor zwei Jahren durch eine große Krise. In dieser Zeit distanzierten sie sich bis auf kurze Überraschungskontakte von allen Aktivitäten der Schule. und schickten nur die beiden Kinder her. Micaela, die Jüngste, kam in den Kindergarten. Daniel wurde noch unsicherer als früher, und wir wurden immer ratloser mit ihm, weil wir die Hoffnung auf Unterstützung von zu Hause davonfliegen sahen. In den Elterngesprächen, die wir einberiefen, erklärten beide Eltern, daß ihnen ihr Sohn sehr leid tue, aber sie selbst fühlten sich nicht stark genug, ihm ein sicheres Heim zu garantieren. Sie entdeckten, daß sie "nie ihr echtes Leben gelebt hatten" und das nun endlich nachholen müßten. Frau B. blieb ein Jahr lang zu Hause, um "einmal überhaupt nichts mehr zu tun", doch da schmerzte sie der enge Kontakt mit den eigenen Kindern zu sehr, und sie suchte sich ein künstlerisches Betätigungsfeld, um zur Selbstverwirklichung zu kommen. Diese Beschäftigung nahm sie mehr denn je außerhalb des Hauses in Anspruch. Herr B.

suchte sein Glück außerhalb der Familie, und es kam zu einer schmerzvollen Trennung.

In den letzten Monaten hatten wir wieder engeren Kontakt mit dem Ehepaar. Wir haben ihnen die jetzt übliche Grenze gesetzt, und Daniel würde nicht in die letzte Primarstufe aufgenommen, es sei denn, beide Eltern kämen zum Kurs, der inzwischen für diesen Übergang obligatorisch geworden ist. Sie kommen nun pünktlich, zwar getrennt, doch irgendetwas nehmen sie mit, denn erstaunlicherweise sehen wir sie nun bei allen Begebenheiten, sogar bei den Kindergarten- und bei den regulären Primaria-Elternabenden, als sei es ihnen ein Bedürfnis, neue Erkenntnisse oder auch nur menschliche Wärme aufzutanken. Frau B. bittet häufig um Beratung, eigentlich sucht sie aber Gelegenheit, sich über ihr Leben auszusprechen.

Daniel machte nur sehr langsame Fortschritte in Eigenbestimmung und Konzentration. Er verbringt jetzt viel Zeit im Spiel oder im Gespräch mit anderen Adoleszenten. Zu Hause bei seiner Mutter ist das Fernsehen abgeschafft, allerdings noch nicht im Haus seines Vaters. Er interessiert sich zum ersten Mal für Erkundungsfahrten mit dem Fahrrad und hat herausgefunden, wie er es selbst reparieren kann. Das gibt ihm ein neues Selbstwertgefühl, und er bietet seine Dienste den Nachbarn und Verwandten an – eine der ersten selbständigen, spontanen Aktivitäten seines Lebens, die ihm konkrete Erfolgserlebnisse bringt. Er hat viel nachzuholen, und niemand kann abschätzen, ob er die Hürden nehmen wird. Doch gibt es Anzeichen eines positiven Wandels, auch wenn sie im Augenblick nicht sehr angenehm erscheinen. Zum Beispiel versucht er sich zu Hause bei jeder Gelegenheit gegen seine Mutter aufzulehnen, und in der Schule hat er reges Interesse an sportlichen Spielen gewonnen. Hin und wieder "sticht ihn der Hafer": er fängt mitten in einer

Aktivität plötzlich zu schreien an oder beginnt eine Kissenschlacht, was zwar gegen die Hausregel ist, aber uns doch zeigt, daß er allmählich aufwacht.

Inzwischen wächst die kleine Schwester Micaela heran. Sie ist in unserer Vorschule, wo sie sich sowohl im Kindergarten als auch in der Primaria bewegen kann. Es ist eine Freude, ihr in ihrer spontanen Aktiviät zuzuschauen. Sie findet offenbar immer genau das zu tun, was ihr volle Befriedigung bereitet. Ihre Bewegungen sind flüssig, sie übernimmt eine Führerrolle, ohne dabei andere zu manipulieren. Sie ist gegenüber den Erwachsenen offen, ohne abhängig zu sein. Hin und wieder weint sie tief von innen her und erlaubt dabei, daß ein Erwachsener sie in die Arme nimmt, bis sie sich ganz gelöst hat. In die Primaria kommt sie nur, wenn sie etwas Bestimmtes tun will, dann verschwindet sie wieder in den Kindergarten, wo sie immer noch ein weites Spektrum an Möglichkeiten entdeckt. Ihre Mutter berichtet, daß sie auch zu Hause nie Langeweile habe und wie ein Lichtblick für ihre Eltern in ihrer augenblicklichen Krise sei.

So ist für das Ehepaar B. die Bestätigung für ihre Entscheidung, die sie vor zehn Jahren getroffen hatten, doch noch gekommen...

Gegen Wind und Wetter

Im ersten Jahr unserer Primaria besuchte uns eine Gruppe Sozialarbeiter, die in einem Kinderhort in einem Armenviertel an einem hochgelegenen Hang von Quito etwa 90 Kinder im Alter von ein bis sechs Jahren betreuten. Trotz jahrelanger Erfahrung kamen sie doch nicht aus ihren Anfangsschwierigkeiten heraus: Die Kinder blieben weinerlich, es gab Essensprobleme, sie waren unruhig, aggressiv, ewig kränkelnd, und es gab ständige Disziplinprobleme. So wollten sie zum Beispiel mittags nicht schlafen, wenn sie dazu angehalten wurden, dafür aber später, wenn etwas anderes auf dem Programm stand.

Die Delegation schaute sich unseren Betrieb an – dann stellten sie Fragen, und wir versuchten, ihnen unsere Grundsätze des Respekts für die Prozesse der Kinder, deren praktische Seite und die Folgen der allmählichen "Normalisierung" des Kindes darzustellen. Wir wurden gebeten, uns einmal ihren Kinderhort anzuschauen und womöglich Vorschläge für Veränderungen zu machen. Aus diesem ersten Kontakt entstand eine langjährige Beziehung, die bis heute anhält. Mit unserer Unterstützung wurde vor dreizehn Jahren die Umgebung für die Kinder des Hortes allmählich so verändert, daß sie ihren authentischen Bedürfnissen immer mehr entsprach, ihren Rhythmus respektierte und dadurch heilsam und unterstützend für die Slumkinder und auch deren Eltern wurde. Das Vorbild des Hortes erregte Aufsehen und machte allmählich Schule. So kommen auch in diesem Jahr wieder 25 Sozialarbeiter, die in Ablegern dieses ersten Kinderhortes tätig sind, zu einem einwöchigen Fortbildungskurs.

Wenn man ein wenig Montessori gelesen hat, erstaunt es einen nicht allzusehr, daß diese oft arg verwahrlosten Kinder durch geeignetere Zuwendung aufblühten. Doch waren wir nicht auf eine sekundäre Wirkung dieser Unterstützungsarbeit vorbereitet. Die Pflegerinnen des Kinderhortes hatten nämlich teilweise selbst Kinder. Solange sie im Vorschulalter waren, konnten sie den Tag bei der Mutter im Hort verbringen, doch dann mußten sie in die Schule, und zwar in eine Slumschule, mit 50-60 Kindern pro Klasse, die in ein enges Klassenzimmer gestopft werden. Die Mütter wurden durch ihre respektvollere Arbeit im Hort immer sensibler, und so konnten sie es immer weniger verkraften, wie ihre eigenen Kinder in der Schule behandelt wurden.

Eine von ihnen war Paula, die Leiterin des Hortes. Sie war ursprünglich Schneiderin. Zuerst hatte sie im Kinderhort ausgehofen, hatte sich dann immer mehr eingearbeitet, bis sie so umsichtig und zuverlässig wurde, daß die ausländische Hilfsagentur, die den Hort finanzierte, ihr die Hauptverantwortung übergab. Sie ist eine winzige Person und so bescheiden, daß man sie erst in der Arbeit sehen muß, um ihr soviel Leistung und Standhaftigkeit zuzutrauen. Als alleinerziehende Mutter von zwei Töchtern hatte sie viel zu kämpfen. Der Mann hatte sie gleich nach der Geburt der zweiten Tochter verlassen und eine andere Familie im Küstengebiet Ecuadors gegründet. Die frühere Leitung des Kinderhortes erlaubte ihr nicht, ihre eigenen Kinder mit in die Arbeit zu bringen. So mußte Paula die beiden bei entfernten Verwandten recht und schlecht unterbringen. Doch jetzt wohnten sie zusammen, in zwei winzigen Zimmern in der Nähe des Hortes. Ana war nun sieben und ging in die zweite Klasse, Veronika war kanpp fünf und zunächst noch im Hort bei der Mutter.

Ana war zu dieser Zeit das Sorgenkind. Sie hatte große Angst vor der Schule, wo das Schlagen noch an der Tagesordnung war. Immer öfter wurde sie krank, aber dann mußte sie immer allein in der Wohnung bleiben, weil Paula sie im Kinderhort nicht pflegen konnte. Nach einer Arbeitsbesprechung schüttete Paula uns ihr Herz aus. Die Ärzte hatten einen Herzfehler bei Ana entdeckt und zur Operation geraten. Sie war verzweifelt, zwischen ihrer schweren Arbeit im Kinderhort und den Muttersorgen hin- und hergerissen.

Damals hatten wir bereits soviel Ahnung von den Zusammenhängen zwischen seelischen und körperlichen Prozessen, daß wir Paula in guter Zuversicht anbieten konnten, ihre Tochter zuerst einmal zu uns in die Schule zu schicken und zu beobachten, ob sich dies positiv auf ihre Gesundheit auswirke, bevor sie sich zu einer Herzoperation entschließe. Das war aber kein leichtes Unternehmen. Sie hatte natürlich keine Mittel, um das Schulgeld zu bezahlen. Um von ihrem Stadtteil dorthin zu kommen, wo unser Schulbus sie aufnehmen konnte, mußte sie ein Stück laufen und dann noch zwei Busse nehmen. Das hieß, daß sie um 6.30 das Haus verlassen und erst nachmittags nach 14.00 Uhr zurückkommen würde. Und all das nur, um ein paar Stunden eine entspannte, vorbereitete Umgebung zu genießen – in einer Schule, "wo man Kindern nichts beibringt", ohne jegliche Garantie, ob sie für ihren Gesundheitszustand überhaupt etwas profitieren könne.

Ana war zwar froh, endlich die verhaßte Schule verlassen zu dürfen, aber ging nur auf das Tumbaco-Abenteuer ein, falls ihre kleine Schwester sie jeden Tag begleitete! Diese war ebenfalls ungeheuer schüchtern, so wie wir es bei Slumkindern so oft erleben, aber offenbar hatte sie noch ein wenig mehr Lebensmut als ihre große Schwester.

Im Kindergarten begann sie allmählich, sich mit angebotenen Materialien zu beschäftigen, zumal diese Umgebung dem Kinderhort glich, der sich ja am Pesta orientiert hatte. Ana wich anfangs ihrer kleinen Schwester nicht von der Seite, als ob sie aus ihrer Gegenwart Sicherheit bekäme. Sie war blaß, meist in sich versunken, traute sich nicht an andere Kinder heran, sondern spielte ausschließlich mit Veronika.

Ich kam von der Primaria jeden Tag um eine bestimmte Zeit in den Kindergarten herüber und musizierte oder tanzte mit den Kindern, die sich dafür interessierten. So lernte mich Ana ein wenig kennen und eines Tages nahm sie meine Hand und begleitete mich in die Primaria. Dort kuschelte sie sich in die gemütliche Leseecke, wo sie vom allgemeinen Betrieb abgesondert war, aber doch alles beobachten konnte. Am nächsten Tag landete sie schon am Morgen dort. Manchmal setzte sich ein Erwachsener zu ihr, erzählte eine Geschichte oder schaute Bilderbücher an, und so ergab sich eine günstige Gelegenheit für Körperkontakt und wohlige Empfindungen. Allmählich schaute Ana immer weniger in die Bücher und immer mehr auf das Treiben rundherum, und jeden Tag, Schritt für Schritt, wagte sie sich ein wenig weiter heraus. Sie begann mit dem Kochen, ging dann über zum Malen oder Handarbeiten, zu Brettspielen, der Schuldrukkerei, nahm hie und da ein konkretes Material in die Hand. Dieser Prozeß dauerte den Rest des Schuljahres über an.

Natürlich waren wir ständig mit Paula in Kontakt. Sie war zuerst erschrocken, denn Ana hatte zu Hause angefangen, laut und anhaltend zu weinen, wo sie früher nur leise geklagt hatte. Das war für eine schwer arbeitende Frau, die ohnehin den ganzen Tag über mit kleinen Slumkindern zu tun hatte, eine zusätzliche Belastung. Doch es gab auch Positives zu vermelden. Die Kinder kamen nachmittags zwar totmüde nach Hause, doch erholten sie sich nach einer kleinen Ruhepause schnell und nahmen am Leben im Kinderhort bis zum Abend teil. Und dann kam die – wenn auch von uns nicht unerwartete – Bombennachricht: Der Herzfehler war auf wunderbare Weise verschwunden! Die Mutter brachte Ana sogar zu drei verschiedenen Ärzten, weil sie es nicht glauben konnte.

Wir erwarteten jetzt, daß mit Ana – denn Veronika schien sich gut zu machen – alles immer schön bergauf gehen würde. Aber bald wartete sie mit neuen Schwierigkeiten auf. Sie hatte zwar zu den Erwachsenen Zutrauen, aber mit anderen Kindern kam sie nicht zurecht. Sie lebte offenbar in dem Gefühl, daß "immer alle gegen mich sind" und "keiner mich mag". Und das verschlimmerte sich noch, als man sie als kleine Diebin ertappte. Sie stahl immer nur kleine Sachen – einen Yoghurt oder ein paar Kekse, einen Radiergummi, ein paar Buntstife, aber es brachte sie doch bei den Kameraden in Verruf.

Mit der Mutter kamen wir überein, daß sie am Abend, wenn Ana schlief, ihre Sachen durchsuchen sollte, um womöglich gestohlene Sachen ausfindig zu machen und Ana freundlich, aber fest zu bitten, sie am nächsten Tag zurückzugeben. Unsererseits hatten wir nun immer ein Körbchen mit kleinen Sachen oder Esswaren bereit. Hin und wieder rief einer von uns Ana ins Büro, umarmte sie und gab ihr etwas zum Aussuchen. "Das habe ich extra für dich gebracht", war die Erklärung dazu, und Ana fühlte sich geliebt und beachtet.

Ihr Fortschritt in der Primaria war langsam, aber stetig. Sie konnte sich oft lange in Arbeiten vertiefen, doch bevorzugte sie meist künstlerische Aktivitäten, zum Beispiel malte sie sehr schön und lernte musizieren. Sie liebte Weben,

Nähen, Sticken, auch Küchenarbeiten, verwendete viel Liebe auf schönes Schreiben und schätzte schön illustrierte Bücher sehr. Die konkreten Mathe-Materialien benutzte sie mit Freude an Mustern und großer Geduld bei langwierigen Operationen, doch stellte sie wenig logische Verbindungen zwischen den verschiedenen Erfahrungen her. Sie nahm nur mit gewissen Vorbehalten an sportlichen Spielen teil, aber lernte bei den wöchentlichen Ausflügen ins Thermalbad ohne äußere Anleitung schwimmen. Es war eine Augenweide, ihren flüssigen, eleganten Bewegungen zu folgen. Ihre Beziehung zu Gleichaltrigen verbesserte sich, beschränkte sich aber auf wenige enge Freundschaften und die Gesellschaft ihrer jüngeren Schwester, die inzwischen auch in der Primaria war. Bei jedem Treffen bezeugte ihre Mutter, wie erleichtert sie über diese Entwicklung war. Doch inzwischen gab es neue Sorgen, die sie mit uns teilte:

Veronika, die jüngere Tochter, war sehr wechselhaft in ihren Stimmungen. Oft war sie voller Energie und interessierte sich für vielerlei Aktivitäten; dann wieder war sie niedergeschlagen, beklagte sich über Schmerzen im Unterleib und zog sich in sich selbst zurück. Im Umgang mit konkreten Materialien spiegelte sich dieses Auf und Nieder wider. So konnte sie sich oft nicht erinnern, was sie am Vortag getan hatte. Doch vor allem hatte sie Schwierigkeiten mit dem Lesenlernen. Sie machte sich immer wieder über das Sprachmaterial her und bestand darauf, daß sie Lesen lernen wollte. Doch blieb es beim Abschreiben von kleinen Texten, und die Phonetik konnte sie einfach nicht erfassen. Allmählich zweifelte sie an sich selbst, denn rund herum konnten alle anderen Kinder bei Benutzen des gleichen Materials selbständig lesen und schreiben. Es war wie ein Teufelskreis: wenn sie niedergeschlagen war, konnte sie sich an nichts erinnern und das deprimierte sie von neuem.

Wir besprachen diese Problematik immer wieder mit der Mutter. Sie brachte es nur fertig, ihre Tochter in diesen Jahren nicht unter Druck zu setzen und an ihr herumzudoktern, weil sie im Kinderhort ständig mit problematischen Kindern zu tun hatte und sie sich bewußt war, was das Respektieren auch solcher Kinder auf lange Sicht bewirken kann. Und in unserer Analyse bewerteten wir die zahlreichen positiven Zeitspannen, in denen Veronika Freude an praktischer Arbeit und gewissen Spielen hatte, höher als ihre Schwierigkeiten. Besser gesagt, wir vertrauten darauf, daß diese Aktivitäten ihre selbstheilenden Kräfte stärken und sie ihre eigenen Lösungen finden lassen würden.

Veronika war zwölf Jahre alt, als sie wie von selbst lesen lernte und stellte damit den Verzögerungsrekord im Pesta auf. Von einem Tag zum anderen konnte sie plötzlich längere Texte lesen. Ihre Mutter kam in die Sprechstunde und zeigte ihre freudige Verwunderung über dieses Geschehen, vor allem, weil nach ihrer Meinung ihre Tochter nun mit mehr Verständnis las als sie selbst! Doch in der gleichen Unterredung teilte sie uns weinend mit, daß sich ihre Tochter ihr eben jetzt in einer Angelegenheit anvertraut habe, von der sie bisher kein Sterbenswörtchen herausgelassen hatte: daß sie nämlich vor Jahren, als sie noch bei Verwandten untergebracht war, sexuell mißbraucht wurde.

So wurde uns schlagartig ein Zusammenhang deutlich, der uns noch heute davor bewahrt, Kinder, die Schwierigkeiten beim Lesenlernen haben, zu animieren, damit sie mit anderen Schritt halten.

Wir sahen, wie schmerzliche oder traumatische Erfahrungen, die im Organismus verschlossen sind, die Kommunikation sperren können und damit den Zugang zu Kommunikationstechniken erschweren. Doch wenn durch immer neues Erleben und Respekt die eigene Sicherheit wächst, gibt es die Möglichkeit, sich zu öffnen, sich anzuvertrauen und die Schleusen zu öffnen.

Der weitere Weg dieser Familie war ein ständiges Durchhalten trotz aller Hindernisse. Paulas Arbeit nahm ihre ganze Kraft in Anspruch, doch was ihr am Abend übrigblieb, widmete sie mit großer Liebe und Einfühlungsvermögen ihren beiden Töchtern. Immer wieder bestätigte sie uns, daß ihre beiden Kinder, die eigentlich im "schlimmen Alter" waren, ihre Freude und Stütze waren, ihr in allen praktischen Dingen freiwillig halfen und ihr immer wieder Mut für die Arbeit zusprachen, und das zu einer Zeit, in der viele der gleichaltrigen Mädchen in jenem Slumviertel Quitos das Leben ihrer Familie mit unehelichen Kindern beschwerten.

Später gelang es Paula, außerhalb des Slumviertels ein kleines Häuschen zu bauen und sich in ihrer Arbeit etwas mehr abzugrenzen, so daß nicht mehr so viel Last auf die Mädchen fiel. Und als die äußeren Umstände etwas leichter für alle wurden, merkte sie zu ihrem Erstaunen, daß nun die Töchter anfingen, ihre eigenen Bedürfnisse zu äußern. Ana reiste für ein Jahr ins Ausland und kam zurück mit vielen Ideen, was sie nun lernen und praktizieren wollte. Veronika wollte öfter ihre Nachmittage mit Freundinnen verbringen, doch oft war sie noch nicht stark genug, mit all den neuen Eindrücken fertig zu werden. Beide litten an den Beschränkungen, daß sie nicht genug Zeit hatten, um all ihren Interessen gerecht zu werden. Und so kamen neue Zweifel auf, ob sie jemals genug Kraft hätten, ihren eigenen Weg zu gehen.

Zur gleichen Zeit wollten sie ihren Vater kennenlernen, der in einer anderen Stadt eine andere Familie hatte. Doch er hatte Angst, daß diese Töchter "etwas von ihm wollten" und ließ sie seine Abwehr spüren. Auf der Suche nach ihrer Herkunft erfuhren sie, daß sie mehrere fast gleichaltrige

Halbgeschwister hatten, denn ihr Vater hatte zur Zeit ihrer Geburt Verbindungen mit drei verschiedenen Frauen gehabt...

Die Suche nach der eigenen Identität, die Liebe zu ihrer Mutter, der Wunsch, Wege für ein erfülltes Leben zu finden – all diese Elemente brachten nun eine schwierige Zeit für die drei Frauen. Die Mutter zeigte sich in ihrer letzten Unterredung niedergeschlagen. Sie hatte so sehr um ein besseres Leben für ihre Töchter gekämpft. War es nicht Zeit, daß nun endlich alles einmal leicht und glatt ginge? Aber sie selbst kam dann zu der tröstlichen Antwort für sich: "Warum soll es jetzt nur noch leicht sein? Wir haben allen Grund dankbar zu sein, und das Wichtigste ist, daß wir für jede neue Schwierigkeit immer wieder neue Kraft bekommen."

Im vergangenen Sommer gelang es der fünfzehnjährigen Veronika, ihren Wunsch zu erfüllen, zwei Monate lang zusammen mit einer Schulfreundin in Galapagos in einem Restaurant zu arbeiten. Hier konnte sie ihre ersten Englischkenntnisse auf die Probe stellen. Als sie gerade drei Tage dort waren, kündigten zwei Angestellte, und die beiden konnten deren Arbeit für volle Bezahlung übernehmen. Eine Woche später erkrankte die Besitzerin ernstlich. Die beiden Mädchen führten eine Woche lang das ganze Restaurant in der Hochsaison. Die Restaurant-Besitzerin war so froh und zufrieden mit ihrem Einsatz, daß sie auf die Idee kam, daß Pestalozzi-Schüler für jeweils zwei Monate nacheinander bei ihr arbeiten und so als Kette eine Arbeitsstelle besetzen und damit auch ihre Flugreise finanzieren könnten.

Eine Alternative für hochbegabte Kinder?

Ein alternatives Schulprojekt wird immer wieder zum Schauplatz von Überraschungen.

So geschah es zum Beispiel vor Jahren, als unsere Primaria vom Erziehungsministerium noch nicht anerkannt war, daß eine Familie mit ihrem sechsjährigen Sohn vom Ministerium zu uns geschickt wurde. Man hatte ihnen erklärt, wir seien die einzige Schule in Ecuador, die ihrem Kind weiterhelfen könne. Der Kleine war mit seinen sechs Jahren bereits in der vierten Klasse und dort noch gelangweilt, weil alles für ihn zu leicht war. Und da es ja in unserer Schule keine Klasseneinteilung gibt und sich jedes Kind nach seinen Interessen und Fähigkeiten individuell mit den angebotenen Materialien auseinandersetzen kann, war dies offenbar die geeignete Lösung für ein überdurchschnittlich begabtes Kind.

Bei der ersten Besprechung war Ernesto dabei. Er schien für sein Alter relativ klein. Er war etwas mehr als rundlich, seine Haut war blaß und ziemlich pickelig; seine Haare hatten wenig Glanz. Brav saß er neben seinen Eltern und schaute vor sich hin, obwohl rund herum reges Leben herrschte: Kinder spielten vor den Bürofenstern, und Leute gingen ein und aus. Auch als die Eltern den obligatorischen Rundgang durch die Schule machten, blieb er an ihrer Seite und zeigte wenig Interesse für die neue Umgebung. Es folgte dann die übliche Sitzung mit einer kurzen Einführung in die Grundlagen der "Erziehung durch die spontane Aktivität des Kindes" und dem üblichen Hinweis auf die Schwierigkeiten, die dieser Ansatz aufwerfen kann.

Zu jener Zeit hatten wir bereits ein relativ klares Verständnis der authentischen Bedürfnisse von Kindern in diesem Alter, wie solche echten Bedürfnisse sich unter gewissen Umständen in Ersatzbedürfnisse verwandeln und welche verschiedenen Folgen solche Verschiebungen mit sich bringen können. Darum baten wir die Eltern, uns möglichst ausführlich Ernestos frühere Geschichte zu beschreiben. Aus ihren Erzählungen wurde uns deutlich, wie sich dieses Kind unbewußt in eine frühe Intellektualität geflüchtet hatte, um zu seinem Maß an Zuwendung zu kommen, die seine Eltern ihm in ihren eigenen Schwierigkeiten nicht auf unkomplizierte Weise schenken konnten. So stellte sich im Gespräch heraus, daß die Mutter sich vor zwei Jahren hatte scheiden lassen und nun mit ihren beiden Kindern in zweiter Ehe lebte. Neben Ernesto gab es noch eine neunjährige Tochter, die in ihrer traditionellen Schulsituation ganz angepaßt war. Wir klärten zuerst ab, daß es gegen unser Reglement war, daß diese Tochter in einem anderen Schulsystem verbleibe, falls wir ihren Bruder bei uns annähmen. Sie hörten sich unsere Begründungen an, doch glaubten, es sei nicht leicht, ihrer Tochter einen Schulwechsel plausibel zu machen, da sie in ihrer Klasse "so gut eingelebt" sei.

Schließlich akzeptierten sie unsere Bedingung, daß sie sich für das eine oder andere Schulsystem entscheiden müßten – nicht so sehr, weil ihnen unsere Gründe dafür einleuchteten, sondern weil sie sich mit Ernesto nicht zu helfen wußten. Sie waren zwar auf seine erstaunlichen schulischen Leistungen nicht wenig stolz, doch gleichzeitig bereitete es ihnen Sorgen, daß er unter Asthmaanfällen litt, mit Gleichaltrigen nicht gut zurechtkam, oft einfache praktische Probleme nicht lösen konnte und seiner Familie mit unberechenbaren Gefühlsausbrüchen das Leben schwer machte. Bisher hatten sie alles mit seiner Genialität entschuldigt und sich von ihm so ziemlich alles gefallen lassen. Doch allmählich war der Streß in der Familie unerträglich geworden.

Es war uns klar, daß diese Eltern nicht zum Pestalozzi gekommen waren, weil sie aus Intuition oder eigener Überzeugung wirklich eine Alternative suchten, sondern weil sie sonst keine bessere Lösung für Ernestos Problem fanden. Darum versuchten wir, sie mit vielen Argumenten "abzuschrecken". Zum Beispiel warnten wir sie, daß ihr Kind bei uns höchstwahrscheinlich seine Genialität verlieren würde. Ich weiß nicht, warum auch das sie nicht von ihrem Vorhaben abbrachte. Vermutlich waren sie von seiner besonderen Begabung so tief überzeugt, daß sie nicht glaubten, sie könnte durch den Wechsel irgendwie von ihm abfallen. Die beiden Geschwister hielten also bald darauf bei uns Einzug und ein für uns alle interessanter Lernprozeß nahm seinen Anfang.

Die neunjährige Dora paßte sich anfangs im Gegensatz zu den Befürchtungen der Eltern schnell an die neuen Gegebenheiten an. Sie war ein wenig temperamentvolles Mädchen und fand bald eine Freundin, die fast alle Initiative für sie übernahm. Die beiden spielten oft tagelang das gleiche Spiel. Oft saßen sie zusammen in der Bibliothek oder machten die gleiche Handarbeit, die gleiche Zeichnung, benutzten das gleiche Mathe- oder sonst ein didaktisches Material. Dora schien immer still beschäftigt, doch war uns klar, daß sie keine echten Entscheidungen traf und vielen sozialen Lernsituationen oder sonst anstrengenden Aktivitäten aus dem Weg ging. Doch hatten wir schon häufig Kinder ihres Alters bei uns in langwährenden Übergangsprozessen erlebt und versuchten nur, ihr möglichst viel liebevolle

Zuwendung ohne jegliche Erwartung zu geben, um eine solide Basis für selbständiges Handeln zu schaffen.

Mit Ernesto war es wesentlich schwieriger. Er suchte angestrengt, seine alten Verhaltensmuster bei uns zum Funktionieren zu bringen. Wann immer er nach hochgesteckten Aufgaben verlangte, mußte er sich mit konkreten Materialien auseinandersetzen. Doch dafür brauchte er die Fähigkeit, sich in Raum und Zeit zu orientieren; er mußte Materialien von den Regalen zu seinem Arbeitsplatz tragen. Dabei fielen ihm dauernd große und kleine Gegenstände herunter; dann mußte er wieder alles zusammensuchen, sich bücken, fegen, neu ordnen. Und wenn es dann endlich soweit kam, daß er mit der Arbeit beginnen konnte, fehlte ihm die Erfahrung im Organisieren und die notwendige Feinmotorik, um Operationen durchzuführen, die er sonst leicht im Kopf löste. Doch sein Ehrgeiz und wahrscheinlich die Gewohnheit langen Sitzens erlaubten ihm nicht, seinen Arbeitsplatz zu verlassen. Nur selten schaute er herum, was denn andere Kinder machten.

Doch irgendwann dämmerte es ihm, daß auch er etwas ausprobieren könnte, was nicht nach "Lernen" aussah. So tastete er sich allmählich in neue Bereiche vor. Er entdeckte Brettspiele, wollte aber nur mit Erwachsenen spielen. Wir standen ihm da ein wenig bei, doch ließen wir uns von ihm nicht festnageln. So versuchte er sich an konstruktiven Spielen, fing sogar an zu kochen, und – nach einer kleinen Ewigkeit – fand er schließlich den Weg hinaus ins Freie. Da gab es für ihn nun ungeahnte Schwierigkeiten zu bewältigen. Bewegungen, die sogar viel kleinere Kinder elegant beherrschten, waren für ihn anstrengend und heikel. Er war so ungeschickt, daß er überall anstieß, herunterfiel und sich weh tat. Doch er kam mit Gleichaltrigen Kindern in Kontakt, und als er einmal nach einem Fall von einer niedrigen

Schaukel herzzerreißend weinte, trösteten ihn zwei kleine Jungen mit den Worten: "Das passiert eben, wenn man keine Lebenserfahrung hat!"

In dieser Zeit kamen die Eltern öfters in die Sprechstunde. Der Stiefvater schien vom Prozeß der Kinder wenig berührt, doch die Mutter schwankte zwischen Verzweiflung und Hoffnung. Auf der einen Seite war ihr Leben nicht gerade leichter geworden. Ernesto weinte zu Hause bei den geringsten Anlässen. Sie ließ sich zwar erklären, daß dies zu einer echten "heilsamen Krise" gehöre und darum ein gutes Zeichen sei. Doch sie selbst konnte dieses Weinen fast nicht ertragen, weil es sie persönlich zu sehr aufwühlte. Da wir ihr gegenüber eingangs ja erwähnt hatten, daß Ernesto mit der Zeit wahrscheinlich weniger intellektuelle Neigungen zeigen würde, war sie wegen seiner veränderten Lerngewohnheiten nicht allzu enttäuscht. Doch in ihrem blitzsauberen Haus gab es kaum Möglichkeiten zum Spielen oder für praktische Betätigungen. Womit konnte sich Ernesto nun die Zeit vertreiben, wenn er nicht vor Heften und Büchern saß?

Andererseits war sie natürlich erleichtert, daß Ernesto keine Asthma-Anfälle gehabt habe, seit er seine Lebensweise geändert hatte. Er hatte sogar Gewicht verloren, war weniger blaß und in vielerlei Hinsicht lebendiger.

Doch auch das brachte neue Anforderungen, denen die Mutter sich nicht gewachsen fühlte. Denn auch sie merkte, daß sie in den letzten Wochen in einen unverhofften Prozeß geraten war. Sie spürte jetzt vor allem ihre eigenen, ganz persönlichen Bedürfnisse. Wie hatte sie sich doch ihr ganzes Leben lang angepaßt, immer den Erwartungen anderer entsprochen, immer ihre eigenen Gefühle und Meinungen zurückgestellt! Nach einer gescheiterten Ehe wollte sie nun erst einmal eine sinnvolle Beziehung zu ihrem neuen Partner und zu ihren eigenen Bedürfnissen erarbeiten. War es nicht zuviel verlangt, sich in diesem Zustand auf Wellenlänge mit ihren Kindern zu bringen, in immer neuen Situationen an deren Bedürfnisse zu denken?

Dora und Ernesto gingen im folgenden Jahr durch verschiedene Phasen. Dora war durch mehrere Schuljahre stark konditioniert, und es fiel ihr schwer, ihre echten Bedürfnisse zu spüren und danach zu handeln. Obwohl sie mit ihrer einzigen Freundin tagelang intensiv im Puppenhaus spielte und so auf spontane Weise ihre eigene häusliche Situation für sich ins Reine brachte, konnte sie sich selbst und anderen gegenüber nicht zugeben, daß sie an solch "kindischem Spiel" Freude hatte. Jedenfalls beklagte sie sich daheim häufig, daß es in der Schule "überhaupt nichts zu tun" gäbe. Sie war gewohnt, nur das als "Lernen" anzusehen, was ihr von anderen beigebracht wurde, und so litt sie unter dem Gedanken, in der Schule ihre Zeit zu verlieren. Dieser innere Konflikt zwischen ihren echten Bedürfnissen und den bereits verinnerlichten Erwartungen beeinträchtigte immer wieder ihre Initiative, aus einem reichen didaktischem Material das auszusuchen, was ihrem Verständnis und ihrem Interesse entsprach. Aus dem, was sie durch Nachahmung anderer in die Hand nahm, konnte sie sich keinen rechten Reim machen und so blieb sie meist unbefriedigt bei ihren Beschäftigungen. Es würde also ein langer Weg werden, bis sie allmählich ihre früheren unbefriedigten Bedürfnisse mit denen ihrer augenblicklichen Etappe in Einklang bringen konnte. Dabei brauchte sie aber die Zuwendung und unbedingte Liebe ihrer Eltern.

Für Ernesto dagegen gab es im zweiten Jahr kein Halten mehr: Unbeirrbar verfolgte er nun seine eigenen Interessen, das heißt er holte alles nach, was er in der Zeit seiner akademischen Luftsprünge versäumt hatte. Zusammen mit einer kleinen Schar entschlossener Jungen lebte er nur noch in Büschen, in Höhlen und auf Bäumen. Er war unaufhörlich von Dornen oder Ästen zerkratzt, von Sägespänen behaftet, von Farbe bekleckert. Ganze Höhlenausstattungen und verwegene Baumhäuser wurden in intensiver, ausdauernder Schreinerarbeit hergestellt. Territorialkämpfe wurden mutig ausgetragen. So ungeheuer war sein Maß an Arbeit, daß Ernesto kaum Zeit hatte, seine vielen kleinen Wunden zu pflegen oder seinen Schweiß zu trocknen. Nur wenn er völlig erschöpft war, sahen wir ihn in einer "stillen Beschäftigung" in den Räumen der Primaria. Es dauerte einige Monate, bis er sich stark genug fühlte, hin und wieder Beistand oder Rat eines Erwachsenen zu suchen.

Gegen Ende des zweiten Jahres im Pestalozzi war Ernesto gesund, selbstsicher und offenbar interessiert, in selbständiger Arbeit mit konkreten Materialien Verständnis für Kenntnisse aufzubauen, die er früher massenhaft aufgenommen und damit viel Bewunderung gewonnen hatte. Es schien, daß seine große Schwester noch ein schwieriges Jahr brauchen würde, bis sie an diesen Punkt käme.

Im kommenden Schuljahr wurden die beiden Kinder nicht mehr eingeschrieben. Die Eltern meldeten sie auch nicht ab oder kamen vorbei, um ihren Entschluß zu erklären. Doch den unvermeidlichen Gerüchten nach war es "nun wieder an der Zeit, den Begabungen der Kinder gerecht zu werden".

Normal sein um jeden Preis – Das Dilemma behinderter Kinder

Eine "offene Schule", die jedem Kind eine autonome Auseinandersetzung mit einer vorbereiteten Umgebung erlaubt, ist ein idealer Ort für soziale Integration verschiedenster Art. Hier darf jeder "er selbst" sein, aus der Umgebung das aussuchen, was zu seiner eigenen inneren Struktur paßt. Sein Rhythmus, seine Eigenart und seine Interessen werden respektiert. Doch auch die Grenzen und Regeln des gegenseitigen Respekts gelten für alle gleichermaßen – für Erwachsene und Kinder, für "Behinderte" und "Normale", wie auch für Kinder verschiedener sozialer oder kultureller Herkunft, und so können alle ständig über die Gesetzmäßigkeiten der Wirklichkeit lernen, keiner braucht in einem Ghetto für "besondere Fälle" aufzuwachsen. Und innerhalb dieser funktionellen Grundregeln werden das Benehmen und die Möglichkeiten eines jeden als seine beste Antwort auf seine Umgebung akzeptiert.

Die Integration behinderter Kinder in einer vorbereiteten Umgebung ist Hoffnung und Ziel vieler Menschen, die mit ihrer Isolierung und Ausgrenzung nicht einverstanden sind. Schon früh in unserer Pesta-Erfahrung haben wir darum solche Kinder gerne aufgenommen. Oft waren die Folgen viel erfreulicher, als wir es uns selbst vorgestellt hätten. Durch ihre spontane und autonome Aktivität in einer entspannten Umgebung konnten solche Kinder ganz unverhoffte Fortschritte machen, die von ihren Therapeuten und Ärzten nicht für möglich gehalten wurden. Doch Grundbedingung für die wachsende Autonomie eines jeden – also auch eines behinderten – Kindes, ist die Garantie bedingungsloser Liebe, einer Liebe, die nicht an Erwartungen oder Forderungen geknüpft ist. Und diese Liebe und Zuwendung müssen ihm gerade seine Eltern geben, denn dies ist die natürliche Struktur des Lebens. Nur wenn diese Bedingung erfüllt ist, können Kinder die entspannte Umgebung eines Kindergartens oder einer aktiven Schule als entspannt empfinden und aus ihr nicht nur therapeutischen, sondern auch immer größeren pädagogischen Nutzen ziehen.

Diese Wechselbeziehung zwischen bedingunsloser Annahme und vertrauensvoller Interaktion mit der Umgebung kristallisierte sich für uns erst allmählich im Lauf der Jahre heraus. Sie wurde uns durch unsere Erfahrungen mit den verschiedensten behinderten Kindern und ihren Eltern besonders offensichtlich. Eins von diesen Kindern war Pablito. Als seine Eltern vom Pesta erfuhren und davon, daß hier behinderte mit nicht behinderten Kindern zusammen sein konnten, waren sie selig. Pablito war mit seinen vier Jahren schon durch mehrere Kindergärten für behinderte Kinder geschleust worden, doch überall verschlimmerte sich sein Verhalten, statt sich zu bessern, denn durch Nachahmung gesellten sich zu seinen eigenen auch noch die Behinderungen anderer Kinder und es wurde immer schwieriger, mit ihm zusammenzuleben.

Er selbst zeigte leichte motorische Störungen und er sah nicht gut. Nach Aussage der Ärzte würde er in den nächsten zehn Jahren völlig erblinden. Seine Eltern waren sehr um ihn bekümmert und konsultierten die verschiedensten Ärzte und Therapeuten. In diesem gespannten Lebensklima wurde Pablitos Verhalten immer auffälliger und unsozialer.

Seine Mutter, die die meiste Zeit mit ihm verbrachte, war völlig überanstrengt. Als die beiden bei uns erschienen, gab es keine Minute, in der sie sich nicht gegenseitig zu manipulieren versuchten.

Die Eltern lebten in ständigem Konflikt zwischen ihren Erwartungen, daß sich ihr Sohn trotz seiner Behinderung an ihre sozialen Normen anpassen sollte und ihrem weit schwächeren Wunsch, ihm in diesen Jahren vor seiner endgültigen Erblindung eine möglichst glückliche und streßfreie Kindheit zu erlauben. Vor allem der Vater pflegte die Vorstellung von einem "erfolgreichen" Sohn und ließ sich anderweitig raten, daß man diese Jahre voll ausnützen sollte, um das Kind mit Kenntnissen und Fertigkeiten zu fördern, die es sich später ohne Hilfe der Augen nur schwer aneignen könnte. Für diesen Zweck schien ihm jedes Mittel gerechtfertigt, auch wenn es im krassen Gegensatz zum Respekt für die autonome Aktivität und die Reife des Kindes stand. Die Mutter dagegen war eher geneigt, ihrem kleinen Sohn seine Kindheit zu gönnen, denn sie selbst profitierte von seinem harmonischeren Gemütszustand, wann immer er für einige Zeit in Ruhe gelassen wurde.

In den Sprechstunden schwankten die Eltern zwischen Freude über Pablitos Fortschritte und ihrer Ungeduld, weil es zu Hause noch immer Krisen und schwierige Momente gab. Es gelang ihnen nicht, auf seine eigenen Kräfte zu vertrauen, die uns im Kindergarten so eindrücklich waren und versuchten es immer wieder mit Therapien, um seine Motorik fachmännisch zu verbessern. Wir merkten dann schnell, daß sein Benehmen wieder auffällig wurde und er sich weigerte, unsere wenigen Hausregeln zu befolgen. Als wir das mit den Eltern besprachen, entschieden sie sich für eine Spieltherapie, die damals noch von uns angeboten wurde, in der Pablito dann soviel im Spielzimmer herumwarf und verunreinigte, daß man nach einer Stunde Therapie ebenso viel Zeit zum Aufräumen rechnen konnte.

Nach und nach erweiterte er seinen Wirkungskreis. Er entdeckte Sand, Wasser und die Klettergerüste und bewältigte auch unebenes Gelände trotz seiner oft unkoordinierten Bewegungen. Er übte unentwegt Greifen und Schütten, Kneten und Bauen mit Klötzen. Seine Feinmotorik war dabei noch immer recht unsicher, und es fiel ihm schwer, auf die Bedürfnisse anderer Rücksicht zu nehmen. In Spielen konnte er noch nicht kooperieren, und wenn er zu Gruppen stieß, die etwas Gemeinsames machten, war es ihm selten möglich, sich einzufügen.

Pablitos Geschichte kam mir wieder stark in Erinnerung, als ich in Jacques Lusseyrans und Oliver Sachs Büchern las, welch ungeahnte Erweiterungen des Lebens die inneren Kräfte eines sogenannten Behinderten bewirken können, wenn sich die Eltern eines solchen Kindes dazu druchringen können, dieses nicht an die "Normalität" anzupassen, sondern auf seine Besonderheiten einzugehen und Vertrauen in die eigenen Kräfte des Kindes zu entwickeln. Doch gerade dieses Vertrauen fällt unserer Erfahrung nach den Eltern behinderter Kinder furchtbar schwer. Immer wieder erlebten wir, wie sehr sie dem Druck der Gesellschaft nachgeben, die mit Techniken aus solch einem Kind ein Höchstmaß an Anpassung an ihre Vorstellung von Normalität herauszupressen sucht – das typische Merkmal einer Industriegesellschaft, die aus jedem Individuum soviel Nutzen wie möglich ziehen will, ohne Rücksicht auf innere und äußere Gleichgewichte. Doch dem stehen die Erfahrungen von Eltern gegenüber, die ihr behindertes Kind so angenommen haben wie es ist, nämlich als ein besonders liebesbedürftiges behindertes Kind, das seine eigene Kreativität findet, um seinen Platz im Leben einzunehmen. Und solche Eltern bestätigen, daß diese Kinder eine große Bereicherung für alle wurden, weil sie ihre eigene Liebesfähigkeit auf unvorhergesehene Weise wecken und ihnen damit neue Bewußtseinsstufen öffneten.

Schon nach einer oder zwei Wochen im Kindergarten beruhigte sich Pablito zusehends. Er genoß es offensichtlich, daß er hier nicht andauernd gegängelt wurde und begann, sich drinnen und draußen zu orientieren. Anfangs wurde er so euphorisch, daß er am liebsten alles Material aus den Regalen geholt und im Raum verstreut hätte. Doch er wurde mit der gleichen Festigkeit behandelt wie die anderen Kinder und durfte nichts herausnehmen, bevor er das vorhergehende Material nicht aufgeräumt hatte. Seine laute, krächzende Stimme wurde langsam melodischer. Zur gleichen Zeit erwachte sein Enthusiasmus für praktische Arbeiten wie Fegen und Wischen. Oft schien es, daß er etwas umstieß, nur um einen Vorwand zum Aufwischen zu haben. Er war immer der Erste, wenn der Ruf zur Saftzeit ertönte und dann schleppte er Saftkannen und Tabletts von der Küche ins Freie. Dabei bewältigte er trotz seiner schlechten Motorik mehrere Stufen aufwärts und abwärts und war überglücklich, wenn er auf diesem Weg kaum etwas von dem Saft verschüttete.

Schließlich kam die Zeit, in der Pablito anfing, seine ersten Krikselkraksel mit Wachsstiften aufs Papier zu bringen. Da entschieden die Eltern, daß dies das so lange erhoffte Zeichen war, ihn in eine richtige Schule zu schicken, damit er möglichst schnell schreiben und lesen lernte. Sie hofften, daß er sich auf diese Weise einen Grundstock an Wissen anlesen könnte, das ihm später nützlich sein würde. So beendete Pablito mit sechs Jahren seine ungeheuren persönlichen Anstrengungen, mit der Welt auf seine Weise zurande zu kommen und unterwarf sich notgedrungen dem Wunsch seiner Eltern, sich an die Normen der Normalen anzupassen.

Alternative Schule – ein notwendiges Übel für schwierige Kinder?

Santiagos Eltern wurden durch Verwandte, die schon eine Tochter bei uns hatten, auf den Pesta aufmerksam gemacht. Dies war zu einer Zeit, als unsere Primaria noch nicht offiziell genehmigt war und wir nur wenige Kinder dieses Alters hatten. Wir hielten noch keine langen Einführungsgespräche ab, denn damals glaubten wir, daß Eltern ganz bestimmt voller Enthusiasmus für eine neue Erziehung sein müßten, wenn sie es wagten, sich solch einem vom Ministerium vorläufig nicht genehmigten "Experiment" anzuvertrauen. Doch bald merkten wir, daß wir nicht genug über Santiagos Vorgeschichte wußten und versuchten, das Versäumte nachzuholen.

Schon am ersten Schultag gab es einen richtigen Tanz mit dem Sechsjährigen. Wir konnten gar nicht so schnell schauen, wie er im Nu alle Kaninchenställe aufriß, um sich dann auf die davonspringenden Tiere zu stürzen. Als wir noch damit beschäftigt waren, die 25 oder 30 Kaninchen aller Größen einzufangen, hatte Santiago schon die Lamas beim Wickel, riß an ihren Seilen und jagte sie im Feld herum. Dann machte er sich über die Regale im Schulraum her und begann, sie großzügig aus dem Fenster zu werfen. So geschah es, daß er innerhalb einer halben Stunde einen Erwachsenen ganz für sich hatte, der ihn den Rest des Morgens begleitete, um das Schlimmste zu verhindern.

So lernten wir aus direkter Erfahrung kennen, was man normalerweise als "hyperaktives Kind" bezeichnet. Im Gegensatz zu den typischen Beschreibungen solcher "Fälle" konnte Santiago hier aber, statt in der Schule stillsitzen zu müssen, den weiten Auslauf im Schulgelände voll für seine Bedürfnisse beanspruchen und seinen Dampf beim Fußballspielen, Bäumeklettern, Höhlenbauen und beim Kriegspielen oder – etwas später – mit Arbeiten im Schulgarten herauslassen. Er verpaßte niemals einen Ausflug in Schluchten, zu Flüssen, Bächen oder in die Berge, und ich kann mich nicht erinnern, daß er davon jemals trocken zurückgekommen wäre. Kein dunkler Tunnel der Bewässerungskanäle war ihm zu lang, als daß er sich nicht hineingewagt hätte. Anfangs rutschte er meist wegen seiner Ungeschicklichkeit überall ab und fiel ins Wasser, doch daraus wurde bald ein Zwang: er konnte einfach kein Wasser sehen, sei es auch noch so kalt oder unappetitlich, ohne sich sofort hineinzustürzen!

Sein extremes Verhalten normalisierte sich allmählich, denn der ständige Auslauf, den ihm der Pesta ermöglichte, verfehlte nicht seine positive Wirkung. Allmählich konnte Santiago Grenzen eher akzeptieren und versuchte nun auch nicht mehr, Aufmerksamkeit durch ständige "Missetaten" auf sich zu lenken, denn langsam drang es zu ihm durch, daß er hier auch ohne solchen Aufwand Zuwendung bekam. Oft zeigte er mit Blicken und Gesten, daß er dafür dankbar war. Doch wirklich beruhigen konnte er sich nur selten, ganz gleich, welcher Beschäftigung er sich gerade widmete. Auf dem Fußbaldfeld raste er wie verrückt herum, stürzte sich auf die Bälle ohne Rücksicht auf andere und spielte immer, als wäre er allein, ohne mit seinem Team zu koordinieren. Befand er sich auf engem Raum mit anderen Kindern, schien er eine Art Platzangst zu bekommen und verteilte soviele

Püffe, bis die anderen freiwillig von ihm Abstand nahmen. Ging er durch den Schulraum, stieß er ständig mit Händen oder Füssen gegen Tische und Stühle oder stieg anderen auf die Zehen, ohne es recht zu bemerken. Saß er mit einer Arbeit an einem Tisch, konnte er seine Beine keinen Augenblick ruhig halten und rutsche ständig auf dem Stuhl herum. Seine Bewegungen waren hastig, wenn er didaktisches Material vor sich zu organisieren versuchte. Dabei fiel ihm natürlich die Hälfte herunter, und er hatte große Mühe, es wieder aufzulesen. Doch es gab eine Beschäftigung, die ihn fesselte: Er ging ständig auf die Jagd nach Insekten und hätte sie tausendmal zerstückelt, wenn seine Kameraden und Lehrer ihn gelassen hätten. Darüberhinaus spezialisierte er sich auf das Sezieren aller toter Tiere, derer er habhaft werden konnte: Frösche und Schlangen, Kaninchen, was immer er herbeischaffen konnte. Einmal schleppte er in einer großen Plastiktüte eine tote Katze an, die er irgendwo auf der Straße von einem Auto überfahren gefunden hatte. Sie stank schon so arg, daß alle Umstehenden entsetzt das Weite suchten. Doch Santiago konnte nicht verstehen, warum er das Tier begraben sollte, ohne es zu sezieren!

In "Erziehung zum Sein" erwähnte ich kurz, daß Santiagos Mutter ihn erst aufgehört hatte abzulehnen, als ein Psychologe sie dazu überredete. Nach jenen Tagen im Jahr 1981 blieb Santiago noch sieben Jahre bei uns. Es waren sieben lange Jahre, in denen wir in unzähligen Einzelgesprächen darum kämpften, daß seine Eltern sich darauf einließen, "mit ihrem Kind zu wachsen". Das würde für sie bedeuten, mit ihm zu fühlen und hieße auch, an die wunden Stellen ihrer eigenen Kindheit zu rühren. Es würde bedeuten, Prioritäten neu zu setzen, persönliche Befriedigung nicht nur im eigenen Erfolg und dem Durchsetzen von mehr oder weniger idealistischen Vorstellungen zu suchen, sondern auch dem Familienleben einen hohen Stellenwert zu geben und erst einmal in der eigenen Familie an besseren sozialen Beziehungen zu arbeiten, für die sie in der Öffentlichkeit kämpften.

Doch das war für Santiagos Eltern kaum vorstellbar. Die Mutter war mit intellektuellen und kulturellen Verpflichtungen so abgelenkt, daß sie selten auf ihre eigenen Gefühle stieß. Und wann immer das geschah, drückte sie solche Momente in lyrischen Gedichten oder Gesängen aus und vertrat die Hypothese, daß es ohne Spannungen keine Kultur gäbe.

Der Vater wurde Mitglied einer politischen Partei, die auf dogmatisch idealistische Weise die Welt zu verbessern suchte. Er stieg immer tiefer ins politische Leben ein, wurde Stadtrat von Quito und hatte fast keine Zeit mehr für seine Familie. In diesen Jahren erlitt Santiago immer wieder Rückfälle in seine frühere Hyperaktivität und Aggressivität. Als wir merkten, daß der Vater für seinen Sohn einfach keine Zeit hatte, auch nicht zu den Elternabenden und Familiengesprächen erschien, mußten wir anfangen, Grenzen zu setzen. Das ergab sich wie von selbst, denn immer wieder gab es Klagen über Santiagos Benehmen. Mehrmals wurde ihm der Bus gesperrt, weil er die dort gültigen Sicherheitsregeln nicht befolgte. Solche Vorkommnisse können nur geregelt werden, wenn beide Eltern mit dem Kind zum Gespräch in die Schule kommen. Da hagelte es dann Anschuldigungen gegen uns: Wenn wir doch eine "freie Schule" seien, wie könnten wir es wagen, mit ihrem Kind so hart zu sein? War das nicht gegen unsere eigene Philosophie?

Offenbar fanden diese Eltern, sie täten genug für ihr Kind, indem sie es in eine Schule schickten, wo es respektiert und lieb behandelt wurde. Wenn da irgend etwas nicht klappte, war eben etwas mit der Schule nicht in Ordnung.

Als wir diese Haltung bemerkten, stellten wir Bedingungen: Santiago durfte nur weiter in den Pesta kommen, wenn beide Eltern mindestens alle zwei Monate zum Familiengespräch erschienen. In einem solchen Gespräch teilte der Vater uns seine Besorgnis mit, daß Santiago an einem öffentlichen Akt keine patriotische Ehrfurcht gezeigt habe, d.h. bei der Nationalhymne nicht stramm gestanden sei und nicht mitgesungen habe. Ich fragte ihn, was für ihn wichtiger wäre – daß sein Sohn andere Menschen zu respektieren oder die Fahne zu ehren lerne. Ich fiel fast vom Stuhl, als er mit Überzeugung erklärte: »Natürlich die Fahne!«

Mehrmals fehlte Santiago mitten im Schuljahr für zwei oder drei Wochen mit der Entschuldigung, er habe eine Nierenentzündung. Wenn er von dieser Krankheit genesen zurückkam, erzählte er seinen Kameraden, daß seine Eltern versucht hätten, ihn in eine "richtige Schule" zu schicken. Doch er hätte nicht still genug gesessen und die Lehrer hätten mit ihm die Geduld verloren. Als wir die Eltern danach fragten, leugneten sie alles und nannten ihren Sohn einen Lügner.

Santiago lebte offensichtlich in zwei verschiedenen Welten. In der Schule zeigte er sich oft von einer mitfühlenden, verständnisvollen Seite. Zeitweise konnte er sich in Beschäftigungen vertiefen, die seinem authentischen Bedürfnis entsprachen. Doch immer wieder bemerkten wir auch, daß er mit Erwartungen von zu Hause ankam. Er verlangte dann auf nervöse Art nach informativen Materialien in Geschichte, Erdkunde, Naturkunde oder Grammatik und versuchte sie zu kopieren, um seine Hefte damit zu füllen. Wenn er am Morgen "zuviel Zeit mit Spielen" verbracht hatte, bestand er darauf, solches Material mit nach Hause zu nehmen. Aus seiner Arbeit mit konkreten Materialien konnten wir aber den Schluß ziehen, daß seine eigenen Verständnisstrukturen nicht zu dem Inhalt des Stoffes paßten, für den er Interesse vorgab. Ein anderes Zeichen seiner Zwiespältigkeit sahen wir darin, daß er sich freiwillig in Kurse einschrieb, aber dann entweder mit verschiedenen Vorwänden fehlte oder sich bei einer Gruppenarbeit nicht konzentrieren konnte.

Auch sein Umgang mit den Kameraden war immer wieder von innerer Unruhe und Unsicherheit gekennzeichnet. Zeitweise konnte er Freundschaften halten und mit anderen kooperieren. Oft war er unglaublich hilfsbereit, doch dann packte ihn wieder der Rappel – er geriet in Streitigkeiten und konnte seine Konflikte nicht lösen. Bei solch einer Gelegenheit verlor er einmal den Kopf und verließ durch Büsche und Zäune hindurch das Schulgelände und rannte in das einen Kilometer entfernte Tumbaco. Mauricio holte ihn mit dem Auto zurück. Da er zu dieser Zeit ohnehin wegen verschiedener Vergehen "auf Probe" in der Schule war, erklärte Mauricio ihm, daß er nun nicht mehr zurückkommen dürfe. Diese Nachricht verbreitete sich wie ein Lauffeuer in der Primaria. Innerhalb einer halben Stunde beriefen seine Kameraden eine Vollversammlung ein, die bei uns – außer für adminstrative Angelegenheiten und wenige Ausnahmen – die höchste Autorität darstellt. In dieser Versammlung erklärten ihn seine Freunde für schuldig, gegen eine Grundregel der Schule verstoßen zu haben. Doch sie plädierten dafür, daß Santiago nicht hinausgeworfen werden sollte und boten sich an, ihm als Gruppe zu helfen, damit solch ein Problem nicht mehr vorkomme.

In schwierigen Situationen zu Hause konnten sich die Eltern nicht einigen, wie sie ihren Sohn behandeln sollten. Der Vater griff mit Schlägen ein, wenn er die Geduld verlor und kaufte Santiago einen eigenen Fernseher für sein Zimmer, damit er ihn möglichst aus den Augen bekam. In dieser Zeit hörten wir von einem Kameraden, daß Santiago nur darauf warte, achtzehn Jahre alt zu werden, um seinem Vater die Schläge zurückzuerstatten, die er inzwischen einstecken mußte. Doch bis dahin versuchte er, soviel Verbotenes wie möglich zu tun, um seine Rachegefühle zu nähren.

Die Mutter versuchte ihr Glück mit Kultur und Sport. Sie schrieb Santiago in Kurse ein, um ihn nachmittags zu beschäftigen. In der Fußball-Liga für Jugendliche wurde Santiago ein begehrtes Mitglied. Dort setzte er eine Riesenmenge Kräfte ein, aber seine Spannung wurde er nicht los.

Beim Übergang in unsere Secundaria versuchte Santiagos Mutter Einfluß zu nehmen, daß nun endlich akademische Fächer in den Vordergrund kommen sollten, denn nun hätten die Kinder "lange genug Zeit gehabt, ihre Persönlichkeit aufzubauen". Die Familiengespräche wurden auf dieser Stufe zusammen mit den Jugendlichen abgehalten. Ich erinnere mich deutlich an eine solche Sitzung, in der Santiagos Mutter überhaupt nicht verstehen wollte, daß ein wichtiger Zusammenhang zwischen der emotionalen und sozialen Reife einer Person und ihrer Intelligenz bestehen könnte. Sie geriet dabei in einen Zustand der Verzweiflung, beklagte sich, daß "niemand sie verstehe", "alle gegen sie seien" und schlug die Hände weinend vors Gesicht. Da setzte sich der damals vierzehnjährige Santiago neben sie auf die Stuhllehne, nahm ihr die Hände vom Gesicht und sagte mit tiefem Ernst: »Wenn du doch nur einmal richtig zuhörtest, dann würdest du verstehen, was Rebeca meint. Merkst du nicht, daß es keinen Sinn hat wieviel ich weiß, wenn ich mich ständig schlecht benehme? Und merkst du nicht, daß ich so bin, weil du und Pappi immer Euren Sachen nachrennt und nie richtig Zeit für mich habt?« Die Mutter war von seiner Autorität so überrascht, daß sie eine Stunde lang echte Anstrengungen machte, sich mit der Problematik ihres Kindes auseinanderzusetzen.

Was sich wirklich zu Hause abspielte, konnten wir nie recht einschätzen. Santiagos Zustand blieb unberechenbar. Vor seinen Kameraden brüstete er sich damit, daß er heimlich mit dem Auto seiner Eltern herumfahre und sich an ihrer Hausbar bediene. In dieser Zeit kam es auch öfter vor, daß er sich für Arbeitserfahrungen außerhalb der Schule einschrieb und dort tageweise fehlte, ohne sich abzumelden. Im Frühjahr 1989 organisierte die Fundación Educativa Pestalozzi ein Wochenseminar, um allen Behörden des Erziehungsministeriums und Direktoren sämtlicher Experimentalschulen Ecuadors unser Modell in Theorie und Praxis vorzuführen. Die Sekundarschüler des Pesta boten ihre Dienste an, um dieses wichtige Ereignis tatkräftig zu unterstützen, denn eine Woche lang wurden mehr als 150 Personen in den Tagungsräumen verpflegt, Computer und Kopiermaschinen wurden in Betrieb gesetzt, Transport organisiert und Ähnliches mehr. Die Jungen und Mädchen teilten sich in Komissionen ein und nahmen ihre Arbeit ungeheuer wichtig. Doch Santiago hielt seine sich selbst auferlegten Verantwortungen nicht ein und blieb einfach weg, ohne sich zu entschuldigen. Als die Woche vorbei war, klagten die jungen Leute ihren Kameraden in der Vollversammlung der Schule an und beantragten, daß er die Schule nun verlassen müsse. Das Lehrerteam stimmte diesem Antrag zu, denn sie waren es müde, soviele Jahre lang mit dem Unverständnis der Eltern zu kämpfen und Verantwortungen zu übernehmen, ohne mit der Unterstützung der Eltern rechnen zu können.

Santiago kam in eine traditionelle Sekundarschule und wurde dort erst einmal ein guter Schüler, weil er »es all denen mal richtig zeigen wollte«. Als sein Vater wieder Kandidat für einen politischen Posten wurde, stellte er ihn vor die Alternative: »Entweder machst du weiter mit der Politik, oder du hast einen Sohn«. Der Vater machte mit der Politik weiter, und Santiago geriet wegen Alkohol- und Drogengenuß in seiner Schule in ernstliche Probleme...

Kulturelle Integration

Im Jahr 1983 studierte eine unserer jungen Kindergärtnerinnen neben ihrer Arbeit Pädagogik an der Katholischen Universität von Quito. Dort kam sie in Kontakt mit einer Gruppe indianischer Lehrer aus verschiedenen Provinzen Ecuadors, die an einem Projekt zur Herstellung von Schultexten in Quichua, der gemeinsamen Sprache der Andenindianer, arbeiteten. Die Lehrer waren für die zwei Jahre dieses Projektes mit ihren Familien nach Quito gekommen und mußten ihre schulpflichtigen Kinder hier in die Schule schicken. Doch die Kinder wurden nur aufgenommen, wenn sie ihre traditionelle Kleidung mit einer Schuluniform vertauschten und die Jungen sich den Zopf abschnitten. Als sie nun hörten, daß es eine Schule in der Nähe Quitos gibt, in der die Kinder keine Uniform anziehen müßten, machten sich einige der Indianer auf den Weg, um sich dieses Wunder anzuschauen.

Dabei stießen sie auf weitere Überraschungen, denn was sie sahen, war keine "richtige Schule" mit Klasseneinteilung, festem Programm, Schulglocke und sitzenden Kindern. Wir versuchten, ihnen den Unterschied am Beispiel des Bauern klarzumachen, das ihrer Erfahrung nahe genug ist: Was sie hier beobachteten, sei eine vorbereitete Umgebung für das gesunde Wachstum von Kindern. Es sei Aufgabe des Erwachsenen, dafür zu sorgen, daß die Umgebung frei von aktiven Gefahren, von spannungserzeugenden Erwartungen und Forderungen sei und genügend natürliche und kulturelle Elemente enthalte, damit die Wachstumsbedürfnisse der Kinder erfüllt werden, gerade so wie ein Bauer den Boden vorbereitet, in dem die Saat aufgehen und wachsen soll und dafür sorgt, daß die Pflanzen genügend Nährstoffe und Wasser bekommen und vor dem Eindringen von Gefahren geschützt sind. Doch bestimme der Bauer nicht, wie und wann die Pflanzen Wurzeln, Stiel, Blätter und Blüten entwickeln und welche Früchte sie hervorbringen müssen. Das Verständnis, daß Kinder keineswegs weniger fähige Lebewesen als Pflanzen sind und ebenso wie diese ihr eigenes, menschliches Entwicklungsprogramm mitbringen, das sich durch Interaktion mit einer geeigneten Umgebung zu seiner Zeit erfüllt, sei Grundlage unserer Arbeit.

Die Indianer hörten und schauten sich alles interessiert an. Es war für sie nicht leicht, unseren Gedankengängen zu folgen, denn die Überzeugung, eine Schulbank für alle Indianerkinder sei der sicherste Weg, ihre Probleme zu lösen, hatte sich auch bei ihnen längst eingenistet. Am Ende des Besuches erkundigten sich ein paar von ihnen, unter welchen Bedinungen sie uns ihre Kinder bringen könnten. Darunter waren Familien aus Saraguro, einer Gemeinschaft im Süden des Landes, mit denen wir seither über Jahre hinweg Programme zur Schaffung einer aktiven und ihre Kultur respektierenden Erziehung durchgeführt haben. Und auch eine Familie aus Salasaca war dabei, einer Gemeinschaft, der etwa drei Autostunden südlich von Quito lebt.

Diese Familie brachte zwei Schulkinder zu uns. Der ältere, Miguel, hatte schon zwei Jahre lang in einer Regelschule die respektlose Behandlung eines diskriminierenden Mestizo-Lehrers ertragen. Sein kleiner Bruder Victor war erst knapp sechs und war noch in keiner Schule gewesen. Beide erschienen am ersten Schultag in weißem Poncho und weißer Hose, dem Festgewand ihres Stammes. Miguel war außerdem mit einem schwarzen Diplomatenkoffer ausgerüstet, der beim Aufklappen nagelneues Schreibgerät und sorgfältig eingeschlagene Hefte zutage förderte. Miguel setzte sich sofort an einen freien Tisch und fragte, was er ins Heft schreiben solle. Mit einer vorbildlichen Schnörkelschrift schrieb er dann den ganzen Morgen irgend etwas ab und traute sich kaum aufzuschauen und andere Kinder zu beobachten.

Victor suchte sich inzwischen einen sicheren Platz, von dem aus er mit guter Rückendeckung das Treiben im Kindergarten beobachten konnte.

Wenn man die beiden anschaute, fiel es schwer, sich vorzustellen, wie sie den Zugang zum normalen Pesta-Betrieb finden würden. Ihre Angst, als Indianer verachtet und angepöbelt zu werden und die schulischen Konditionierungen, die zumindest Miguel bereits geprägt hatten, ließen sie sich abseits halten. Vor den Erwachsenen hatten sie große Scheu, und es war schwierig, sich ihnen zu nähern, ohne mehr als ein ängstliches und untertäniges Benehmen hervorzurufen. Doch die kindliche Natur ist zum Glück stärker als alle gesellschaftlichen Beengungen. Schon am nächsten Tag näherten sich ein paar spielfreudige Jungen und luden Miguel zum Fußballplatz ein. Da konnte er nicht widerstehen. Bald entdeckte er noch weitere gemeinsame Interessen mit Gleichaltrigen, und die Arbeit mit konkretem Material ersetzte immer mehr seine früheren Anstrengungen, seine Hefte zu füllen. In diesem Jahr begannen vier Männer aus Saraguro, bei uns zu praktizieren. Wir stellten ihnen zwei Webstühle zur Verfügung, auf denen sie neben der Primaria arbeiteten. Viele Kinder interessierten sich dafür, das Weben zu lernen, aber Miguel hatte schon Vorkenntnisse und wesentlich mehr Ausdauer. So kam er bald nicht nur zum

Ruf eines guten Fußballers, sondern auch des besten Webers unter den Kindern und verdiente sich den Respekt der Kameraden.

Sein kleiner Bruder war oft kränklich und scheute noch lange den Umgang mit anderen Kindern. Er verbrachte viel Zeit mit Bauklötzen, Malen, Basteln, Puzzles und anderen stillen Spielen, die er alleine machen konnte. Obwohl er all diese Dinge genoß, die er sonst zu Hause nicht zur Verfügung hatte, sahen wir ihn selten fröhlich oder mitteilungsfreudig.

Unser persönlicher Kontakt mit den Eltern war sporadisch. Beide waren mit Überlebensproblemen voll beansprucht. Nach einem Regierungswechsel im Jahr 1984 wurde das Projekt indianischer Schultexte auf Eis gelegt und die Indianerfamilien kehrten in ihre Heimat zurück. Auch Familie J. versuchte nach Salasaca zurückzukehren. Der Vater nahm in Ambato, der nächsten Stadt, eine Stellung als Lehrer an. Doch dann standen sie wieder vor dem Schulproblem ihrer eigenen Kinder.

Ursprünglich waren sie zum Pesta gekommen, weil hier ihre Tradition respektiert wurde. Doch mit der Zeit erkannten sie, daß dieser Respekt tiefer als der Poncho ging. Sie merkten, daß sie die beiden Jungen nicht mehr zurück auf eine Schulbank schicken wollten.

So zog die Mutter mit den Kindern in eine enge Wohnung in Tumbaco, damit sie weiter bei uns in die Schule gehen konnten. Sie selbst suchte Arbeit im Kultusministerium. Die Familie war nun wochenweise getrennt, die großen Kinder mußten auf die Kleinen aufpassen und einen Teil des Haushalts übernehmen. Wie so häufig bei armen Familien, wo es meist am Notwendigsten fehlt, zog der Fernseher ins Haus und spendete Ersatz für menschliche Zuwendung und für Spielgelegenheiten.

Die Mutter machte trotz ihrer Arbeitslast Anstrengungen, die monatlichen Elternabende zu besuchen. Der Vater kam nur einmal im Jahr zu einem Gespräch über den Fortschritt seiner Söhne. Dabei wurde immer offensichtlicher, daß er als traditioneller Lehrer in einer anderen Welt lebte. Für die persönlichen Prozesse seiner Kinder brachte er kaum Verständnis auf; seine Fragen bezogen sich immer auf Lerninhalte. Er war auch sehr besorgt, daß seine Kinder ihre traditionellen indianischen Werte nicht verlören, doch er selbst verbrachte nur noch wenige Wochen im Jahr mit seiner Familie in Salasaca. In dieser Zeit säten sie zusammen den Mais für das nächste Jahr und überließen dann den Verwandten die weitere Pflege ihres Bodens. Er bemühte sich, den Kindern das indianische Kulturgut auf verbale Art zu vermitteln, war sehr darauf bedacht, daß sie immer in voller Tracht auf die Straße gingen und zu Hause viele Verantwortungen übernahmen, so wie das in den Indianergemeinschaften Gewohnheit ist. Für sich selbst beanspruchte er die Autoritätsrolle des "Familienvaters", doch begriff er nicht, daß er dabei vielmehr als "Lehrer" des westlichen Schulsystems fungierte. Er vermittelte Wissen und Werte, aber der wahre Gehalt fehlte, denn er selbst lebte sie weder in der eigenen Familie noch in seiner Arbeit.

Für Miguel und Victor wurde der "Pesta" ein Ort der Zuflucht, so wie es immer wieder mit Alternativschulen geschieht, wenn zu Hause die geeignete Zuwendung fehlt. Beide hatten nun immer mehr Freunde unter den Pestalozzi-Kindern. Sie verbrachten die meiste Zeit mit Spielen, denn ihre Nachmittage waren mit Arbeiten im Haus und Fernsehen ausgefüllt.

In seiner Arbeit mit didaktischem Material zeigte Miguel die typischen Merkmale einer Unsicherheit, die aus widersprüchlichen Erfahrungen hervorgeht. Da er nicht genügend frei gespielt hatte, ging er an die konkreten Materialien mit engen Denkschemata heran und blieb abhängig von "Gebrauchsanweisungen", mit denen er übte, ohne selbst neue Möglichkeiten zu entdecken. Auch bei anderen Gelegenheiten zeigte sich deutlich seine Abhängigkeit und eine gewisse unkritische Haltung fremden Belehrungen gegenüber. Ich erinnere mich zum Beispiel an eine Freinet-Gruppe, in der die Teilnehmer je eine Minute hatten, um den andern etwas über die eigene Person zu erzählen, und die Kameraden schrieben auf, was sie verstanden hatten. Miguel sagte bei dieser Gelegenheit mit großer Gewichtigkeit, er sei ein "Kommunist". Ein anderes Kind fragte ihn: "Was ist denn ein Kommunist?" worauf Miguel gestand, daß er das auch nicht wisse....

Trotz dieser Ungereimtheiten zogen die beiden Jungen aus ihrer täglichen Schulerfahrung scheinbar doch einen Nutzen, wie wir aus der folgenden Geschichte entnahmen: Einmal kam eine vornehm gekleidete Frau vom Kultusministerium zu uns und bat darum, die Schule besichtigen zu dürfen. Auf unsere Frage nach ihren Beweggründen berichtete sie, daß sie vor ein paar Tagen in ihrem Büro ein sehr erstaunliches Erlebnis gehabt habe. Da sei eine Indianerin mit ihrem neunjährigen Sohn gleichzeitig mit dem Sohn ihrer Sekretärin im Wartezimmer gewesen. Der Mestizo-Junge habe sich dabei höchst respektlos an den Indianer gewendet. Normalerweise wagten Indianerkinder unter solchen Umständen keine Widerrede, doch dieser Junge habe mit großer Festigkeit den andern zurechtgewiesen: »Daß ich Indianer bin, gibt dir überhaupt kein Recht, mich zu beschimpfen. Du kommst von der Küstengegend, und hier in der Sierra haben wir für euch auch Spitznamen. Aber mir fällt es auch nicht ein, dich so zu nennen. Hüte dich also, wie du mit mir redest!« Die Dame war sehr beeindruckt von diesem Verhalten und fragte die Indianerfrau, in welche Schule ihr Sohn ginge. Als sie den Namen dieser (damals noch) unbekannten Schule hörte, wollte sie unbedingt sehen, was es damit auf sich habe.

Miguels und Victors Mutter war im Kultusministerium an Projekten beteiligt, die sich um zweisprachigen Unterricht für die ersten zwei Schuljahre in quichuasprachigen Indianergemeinschaften bemühen. Durch diese Erfahrung bekam sie immer neue Bestätigung dafür, daß nicht nur das Lesenlernen in spanischer Sprache an der Kulturentfremdung der Indianergemeinschaften schuld ist, sondern das Schulsystem als solches. Denn statt am Leben und der Arbeit der Gemeinschaft und der Familie teilzunehmen, werden Kinder künstlich isoliert. Ihre direkte tägliche Erfahrung ist nun, daß man lernt, indem man still sitzt, zuhört, nur redet, wenn man gefragt wird und sich den abstrakten Denkweisen der offiziellen Unterrichtsprogramme anpaßt. Diese konkrete Wirklichkeit wird auch nicht durch kulturell angepaßte Schultexte verändert, und das Ergebnis ist nach wie vor entweder eine Anpassung an die Werte und Lebensweise der westlichen Zivilisation und Verlust des eigenen Naturverständnisses und der eigenen Überlebenstechniken, oder sonst das übliche "Aussteigen" aus der Schule mit der Überzeugung, daß man es nicht geschafft hat.

An ihren eigenen Söhnen erlebte Frau J., daß es aber eine echte Alternative für dieses Dilemma gibt. Victor zum Beispiel war ein "Spätzünder". Seine schwache Gesundheit und Kommunikationsschwierigkeiten, die er nur langsam überwand, bewirkten, daß er sich erst mit zehn Jahren fürs Lesenlernen interessierte. Inzwischen hatte er aber echtes Interesse an konkretem Mathematikmaterial gewonnen und sicherere Verständnisstrukturen entwickelt als sein großer Bruder. Sobald er also die Phonetik verstand, stieg er sofort in Lesematerial ein, das der Logik seiner Entwicklungsetappe entsprach. Damit bewies er, daß Wissen oder Techniken nicht in allgemeingültigen und vorgeschriebenen Dosen erworben werden müssen. Es war also kein Wunder, daß die Mutter versuchte, im Ministerium und bei den Leuten ihres eigenen Stammes Interesse für diese Art von Erziehung zu wecken, doch die Überzeugung, daß die Regelschule der "einzig wahre Weg" für den Fortschritt sei, hat sich nicht nur in den Ministerien, sondern auch bei den Minoritätengruppen fest verwurzelt.

Miguel und Victor sowie ein kleinerer Bruder, der inzwischen auch im Pesta in die Schule geht, sind vorläufig die einzigen Salasaca-Kinder, die nach dem Ansatz der spontanen Aktivität des Kindes aufwachsen. Die Lebensweise und Haltungen ihres Vaters zeigen immer deutlicher den Zwiespalt zwischen Ideologie und Praxis. Mit seiner Sonnenbrille und dem Sportpullover verliert er auch äußerlich immer mehr sein Brauchtum. Er hat es verstanden, als "Indianerspezialist" in der Bürokratie eine günstige Stellung zu bekommen. Er spricht immer noch gerne und ausführlich über seine alten Werte, Sitten und Gebräuche und protestiert schnell, wenn seine Kinder Appetit auf westliche Angebote zeigen. Doch noch immer findet er keinen rechten Zugang zu ihren Sorgen und Freuden und gibt ihnen nur spärliche Unterstützung. Doch die Mutter versteht nun mehr und mehr, daß im heutigen Zusammenstoß verschiedener Kulturen eine tiefe persönliche Sicherheit der beste Schutz ist, damit sich ein Individuum nicht hin- und herzerren läßt und in die Sackgassen einer Zivilisation gerät, die respektlos mit der Natur und mit menschlichen Beziehungen umgeht.

Alternative Schule für alternative Leute?

Es ist natürlich, daß eine alternative Schule "alternative Menschen" aus den verschiedensten Denkrichtungen und Überzeugungen anzieht. Wir haben ja den gemeinsamen Ausgangspunkt, daß wir die Mittel und Zwecke der Gesellschaft ringsum nicht selbstverständlich hinnehmen und daß wir angefangen haben, unsere persönlichen Werte zu formulieren und versuchen, nach ihnen zu leben.

So brachten in diesen sechzehn Jahren immer wieder Menschen ihre Kinder zu uns, die sich selbst mehr oder weniger intensiv um die Verbesserung der Lebensqualität in ihrem persönlichen Leben, in ihrer Familie oder im sozialen Umfeld bemühten.

So gab es zum Beispiel Erwachsene, die Therapien oder sonstige Aktivitäten der Selbstverwirklichlichung mitgemacht hatten. Es gab Leute, die stark religiös interessiert, andere die überzeugte Sozialisten waren. Andere arbeiteten mit alternativer Medizin, besonderer Diät, natürlicher Geburt, organischer Landwirtschaft, im Umweltschutz, in der Sozialpflege oder in künstlerischen Berufen. Von vielen von ihnen haben wir eine Menge gelernt, und der "Pestalozzi" gab oft Gelegenheit und Raum zu fruchtbarem Austausch für Menschen mit ähnlichen Interessen.

Doch war in diesen Jahren die Schule keineswegs ein Treffpunkt vorrangig "alternativer" Leute. Die Mehrzahl der Schüler kamen aus Familien mit einem normalen Alltagsleben, die aber mit dem traditionellen Schulsystem nicht einverstanden waren.

Immer ist es ein weiter Weg vom Entschluß, neue Wege der Erziehung für die eigenen Kinder zu gehen, bis zu einem einigermaßen klaren Verständnis, was nun der neue Inhalt ist, wie tief die Bereitschaft zur Veränderung bei den Erwachsenen selbst geht und welche Umstellung im täglichen Leben solch eine Entscheidung mit sich bringt. In diesem Prozeß setzten wir wohl besonders hohe Erwartungen auf "alternative" Erwachsene, weil sie ja bereits eine gewisse Erfahrung mit solchen Veränderungen hatten. Doch oft merkten wir dann, daß die Schwierigkeiten für sie keineswegs geringer waren als für andere.

Zum einen waren viele von ihnen sehr beschäftigte Leute, die für ihre Überzeugungen viel Energie und Zeit aufwendeten und oft kreuz und quer durchs Land reisten, um anderen zu helfen oder andere von ihren Ideen zu überzeugen. Dabei geschieht es oft, daß für die eigene Familie wenig Kraft und Zeit übrig bleibt. In der Schule beobachten wir immer wieder Stimmungsschwankungen bei den Kindern, wenn ihre Eltern kein Gleichgewicht zwischen ihren sozialen Verantwortungen und der Verantwortung für die Familie herstellen können. Der Reifeprozeß der Kinder ist dann gehemmt. Das wirkt sich zum Beispiel so aus, daß sich diese Kinder oft respektlos, sogar aggressiv gegen andere Kinder zeigen und keine Verantwortungen für die Umgebung, auch nicht für die eigene Entwicklung übernehmen wollen.

Eine andere Gefahr, der gerade "alternative" Eltern ausgesetzt zu sein scheinen, besteht darin, daß ihre oft hart erarbeitete Weltanschauung für sie nun sehr wichtig und exklusiv geworden ist. Darum können sie das Risiko nicht eingehen, daß ihre eigenen Kinder vielleicht andere Wege gehen und ihre eigene Wahrheit finden könnten. Auf mehr oder minder subtile Weise versuchen sie, das Handeln, Denken und Fühlen der Kinder zu bestimmen. Es ist also kein Wunder, daß gerade sie dabei immer wieder in Widerspruch zu der "nichtdirektiven" Erziehung geraten, die in dieser Schule praktiziert wird. Und das kann ein echter Konflikt werden, denn gerade solche Eltern schicken ja ihre Kinder mit großer Überzeugung in diese Schule, wo das Selbstbewußtsein und die Kraft des Kindes zur Selbstbestimmung trotz vieler Widerstände des sozialen Umfelds allmählich wächst. Der Prozeß solcher Familien ist verständlicherweise ganz unterschiedlich, je nachdem ob die Erwachsenen ihre Überzeugungen als Teilwahrheiten akzeptieren können und zu dem Bewußtsein kommen, daß das Leben und seine Prozesse unendlich weiter sind als jede Ideologie und jede Lehre, sei sie auch noch so wertvoll.

Wenn Kinder mit ihren eigenen Lebenskräften in Kontakt bleiben können und ihr spontanes Handeln nicht auf Schritt und Tritt umgeleitet wird, wächst in ihnen das Verständnis für die tausendfach vernetzten lebendigen Systeme, in die auch jeder Mensch verwoben ist. Solange die Kinder noch klein sind, sind sie Teil des lebendigen Umfelds ihrer Eltern. Wenn die Erwachsenen in dieser Phase im Einklang mit ihrem eigenen Denken und Fühlen handeln und sich selbst und ihre Kinder genauso respektieren wie andere Menschen, so braucht es keine zusätzliche Belehrung. Die Kinder saugen die Werte ihrer Eltern gerade so auf wie alles andere in ihrer Umwelt. Doch mit zunehmendem Alter wächst das Bedürfnis des älteren Kindes und des Adoleszenten, die Lebens- und Denkweise anderer Menschen kennenzulernen. Eltern, die beim kleineren Kind gelernt haben, Autonomie innerhalb klarer Grenzen zu gewähren, haben nun Vertrauen in sich selbst und in ihre Kinder und kommen mit dem zunehmenden Erfahrungsdrang der Heranwachsenden nicht in Konflikt. Doch das hängt davon ab, inwieweit sie selbst gelernt haben "loszulassen" und ihre eigenen Erfahrungen als Übergangsstadien auf einem Weg ins Unbekannte zu akzeptieren.

Neue Eltern konfrontieren wir von vornherein mit dem erschreckenden Satz, daß dies eine Schule sei, in der "Kindern nichts beigebracht wird". Manche sind damit nach einigem Reflektieren einverstanden. Aber mit der Zeit spüren sie bei aller Begeisterung für die Selbständigkeit ihres Kindes, daß es doch dies und jenes gibt, das sie ihre Kinder lehren möchten. Letztendlich vertrauen sie nicht darauf, daß Kinder in die Werte ihrer Eltern hineinwachsen werden, wenn sie selbst in ihren Grundbedürfnissen nach bedingungsloser Liebe und Autonomie respektiert worden sind. Und sie wundern sich sehr, wenn die Heranwachsenden eben aus Mangel an diesem Respekt später gerade das zurückweisen, was den Eltern so wichtig ist.

Vor kurzem meldeten zum Beispiel langjährige Pestalozzi-Eltern ihre drei Kinder ab, weil sie die Eigenständigkeit ihrer Kinder nicht mehr ertragen konnten. Es war eine Familie mit starken Überzeugungen für ein besseres Leben, das sie von vielen Gewohnheiten der Gesellschaft Abstand nehmen ließ. Sie interessierten sich für verschiedene orientalische Weltanschauungen, hatten auch strenge makrobiotische Eßgewohnheiten.

Die Mutter arbeitete zeitweise mit Frauen, die eine Hausgeburt wünschten. Sie selbst bekam in kurzer Zeit ein Kind nach dem anderen, weil sie, wie sie sagte, damit ihrem Respekt vor dem Leben Ausdruck geben wollte. Schließlich baute die Familie ihr Haus mitten in einer ländlichen Kommune, um mit armen Leuten Kontakt zu haben, obwohl der Vater selbst in Quito als Computer-Spezialist sehr gut verdient.

Schon als die älteste Tochter in die Primaria kam, wurde deutlich, daß sie keinen rechten Einstieg in ihre operative Entwicklungsetappe fand. Ihre Interaktion mit der vorbereiteten Umgebung war sehr beschränkt. Mit Vorliebe verzog sie sich in einen ruhigen Winkel und beschäftigte sich mit Schreibübungen oder Näharbeiten. Sie traute sich nicht, mit anderen Kindern zu spielen und sprach immer so leise, daß man sie kaum verstand. Wenn wir in Elterngesprächen von der Wichtigkeit des freien Spiels redeten, bemerkte die Mutter, daß sie die Schüchternheit ihrer Tochter überhaupt nicht verstehe, denn zu Hause sei sie doch "ganz anders". Der Vater fragte sich allerdings, ob Elena vielleicht zuviel zum Helfen angehalten werde. Doch dann verteidigte sich die Mutter, daß sie eben allein nicht mit der Arbeit fertig werde, denn es gebe noch zwei kleinere Geschwister. Und sie wollten möglichst so leben wie die armen Leute Ecuadors, die ja auch auf die Mithilfe ihrer älteren Kinder angewiesen seien. Wir versuchten, zusammen zu analysieren, ob da nicht ein Gleichgewicht zwischen den Anforderungen der Mutter und den Bedürfnissen des Kindes zu finden wäre. Doch an der Art, wie die Mutter während des Gesprächs gleichzeitig ihr sechs Monate altes Baby manipulierte, merkte ich, daß sie wenig Bewußtsein für die motorische Autonomie eines Kindes hatte. Sie zog und schob das Kind hin und her, hob es rauf und runter, setzte es hin, obwohl es das nicht von alleine konnte und bemerkte seine Signale erst, wenn das Kind laut weinte.

In einer späteren Besprechung sprachen wir über die Problematik des zweiten Kindes, eines sechsjährigen Jungen, der zu Hause und in der Schule nicht zur Ruhe kam. Er konnte sich auch im freien Spiel auf nichts konzentrieren, faßte alles an, ohne etwas Bestimmtes zu wollen; er stieß ständig an Gegenstände und an Kameraden, die sich oft darüber beklagten. So kam er allmählich in einen Teufelskreis von unbewußter Aggression, die bei anderen Gegenwehr und bei ihm dann Proteste und neue Verteidigung auslösten. Im Gegensatz zu seiner Schwester rannte er ständig im Gelände herum, doch trotz dieses Auslaufs blieben seine Bewegungen unkoordiniert. Er hatte einen nervösen Augentick und stotterte etwas, wenn auch nicht ständig.

Diese Schwierigkeiten konnten sich die Eltern nicht erklären. Ihre Maßstäbe für Jungen waren andere als die für Mädchen. Bei ihrem Sohn ließen sie so ziemlich alles durchgehen. Sie zogen ihn nicht zum Helfen heran, sondern ließen ihn nach ihrer Aussage frei, wußten aber auch nicht, welche Grenzen da zu setzen waren.

Der Vater besuchte die Elternabende regelmäßig. Wenn die Eltern darüber diskutierten, wie man die Grundsätze einer respektvollen Erziehung auch zu Hause in die Praxis umsetzen könne, vertrat er immer mit großem Nachruck seine Überzeugung, daß es nur auf eine persönliche Entscheidung ankomme, daß man eben auch als Erwachsener für sein eigenes Leben neue Wege gehen müsse, dann sei die Erziehung der Kinder garantiert. Er begann auch, sich im Aufsichtsrat zu beteiligen. Doch beim Diskutieren über die verschiedensten Situationen der Schule hemmte er oft die Zusammenarbeit durch seine starren Meinungen, die andere Gesichtspunkte nur mit Mühe zuließen.

Natürlicherweise schlossen diese Kinder Freundschaft mit verschiedenen Kameraden und verbrachten immer wieder Zeit außerhalb der Schule. Bei diesen Besuchen stürzten sich die Kinder, kaum waren sie den Eltern aus den Augen, auf alles, was zu Hause wegen ihrer strengen Diät verboten war. Die Mütter ihrer Freunde beklagten sich, daß sie ihren Wocheneinkauf verstecken mußten, weil sie sonst in kurzer Zeit total "leergefressen" worden wären. Doch was sie besonders schockierte, war schließlich, daß diese Kinder sie am Ende eines Nachmittags anflehten, doch bloß nicht ihren Eltern zu erzählen, daß sie ohne Erlaubnis Früchte gegessen hätten, sonst dürften sie nie wieder bei ihren Freunden spielen.

Eine weitere Schwierigkeit, die bei den beiden älteren Kindern sichtbar wurde, war ihre Abwehr gegen ihre jüngeren Geschwister, die nun in kurzen Abständen ihre Familie bereicherten. Beim fünften Geschwisterchen zeigte Elena offenen Zorn, weil sie "nun überhaupt nur noch zum Kinderhüten und zur Hausarbeit" hergenommen würde.

In den Sprechstunden kam immer wieder zur Sprache, daß die älteren Kinder unter dem Mangel an liebevoller Zuwendung der Eltern litten. Dazu kam bei Elena noch ihr Mangel an Möglichkeiten zum freien Spiel und spontaner Interaktion in verschiedenen Situationen. Bei ihrem Bruder dagegen war es ein Mangel an festen Grenzen; offenbar waren die Eltern froh, wenn er mit seiner Gegenwart möglichst wenig Unruhe ins Haus brachte und schickten ihn meistens hinaus, damit er sich austobe, ohne sie zu stören.

Gab es keine Möglichkeit, jedem Kind auf seinem Niveau Liebe und Respekt anzubieten? Doch immer wieder kam das Gegenargument, daß das eben bei so vielen Kindern nicht so einfach sei. (Und tatsächlich konnte da keiner der Lehrer mitreden, denn keiner von ihnen hat mehr als vier Kinder). Und das wichtigste Argument war immer wieder, daß das Wesentliche in der Kindererziehung sei, feste Werte und eine sinnvolle Weltanschauung zu vermitteln.

Doch die Kinder kamen damit irgendwie nicht zurande. Die Entwicklungsarbeit, die ein Kind in unserer Schule leistet, ist auf jeder Stufe eng mit seinen Gefühlen und mit seiner senso-motorischen Aktivität verbunden, die ihrerseits ständig Gefühle berührt. So stieß Elena zum Beispiel über alle Primariajahre hinweg immer wieder an die Grenzen ihrer mangelnden Autonomie, die ihr eigenständiges Denken in konkreten Situationen erschwerte. Da sie außerdem chronisch liebesbedürftig war, versuchte sie, einen Erwachsenen oder stärkere Freundinnen ständig bei sich zu haben, in der Hoffnung, daß sie ihr Zuwendung und gleichzeitig Lösungen ihrer Probleme gäben. Sie entwickelte auf diese Weise nur geringe Sicherheit und paßte sich schnell an die Meinungen anderer an.

Ihr Bruder dagegen hatte sich bereits gegen die Zuwendung von Erwachsenen gewappnet und fühlte sich am wohlsten mit Kindern, die miteinander Kontakt durch aggressive Spiele suchten.

Immer wieder versuchten wir, den Eltern die authentischen Bedürfnisse ihrer Kinder aufzuzeigen. Im letzten halben Jahr machten sie bewußte Anstrengungen, auch auf die älteren Kinder besser einzugehen, und siehe da, gleich war ein Unterschied im Benehmen zu bemerken. Der Junge wurde zusehends ruhiger, konnte sich auch drinnen wenigstens für kurze Zeit mit Werken, Spielen oder Arbeit mit konkretem Material beschäftigen, ohne alles und jeden zu schubsen, Stühle umzuwerfen und Krach zu machen. Er nahm eine ruhige, liebevolle Zuwendung mit Genuß an und wechselte seine Freunde.

Elena bekam nun Erlaubnis, hin und wieder einen Ausflug mitzumachen. Dabei kam zum Beispiel heraus, daß sie mit ihren zwölf Jahren noch nicht Rad fahren konnte! Als sie das nun lernte, hatte sie mehr Bewegungsfreiheit und konnte hie und da ins Dorf fahren oder eine Freundin besuchen. Und der nächste Schritt war, daß sie auch außerhalb der Schule Arbeit suchte und schließlich mit ihrer neuen Freundin ins Kino und mit der Gruppe der größeren Kinder auf ein richtiges Fest gehen wollte.

Und hier kamen die Schwierigkeiten zum Ausbruch, die seit so vielen Jahren latent gewesen waren. Elena begann, ihre Kräfte mit denen ihrer Mutter zu messen. Die Mutter hatte in den letzten zwölf Jahren keine Erfahrung mit Grenzensetzen in offenen Lebenssituationen gesammelt und war durch die nun angemeldeten Ansprüche ihrer Tochter völlig überfordert. Und Elena wußte sich nun nicht anders zu helfen, als laut zu protestieren, wann immer ihr Bedürfnis nach Autonomie nicht befriedigt wurde.

Gerade, als nun eine neue, hoffnungsvollere Beziehung hätte entstehen können, wurde Elena brüsk aus ihrer geliebten Umgebung genommen und in eine traditionelle Schule geschickt. Die Eltern wagten nicht, ihr diese Nachricht ins Gesicht zu sagen, sondern riefen sie an, als sie bei einer Freundin übernachtete, um sie vor diese Tatsache zu stellen. Sie weinte sich bei der Mutter ihrer Freundin in den Schlaf; am nächsten Tag fuhr diese Mutter mit ihr nach Hause, um die Eltern wegen ihres Entschlusses zur Rede zu stellen. Doch die einzige Erklärung, die sie bekam war, daß die Eltern Angst hätten, durch eine "freie Erziehung" ihre Werte zu verlieren.

Mit Kindern leben lernen

Jahrelang hatten wir mit Familie M. über die verschiedensten Fragen diskutiert, die das Zusammenleben mit ihrer ersten Tochter aufwarf: über Essen und Schlafen, Gesundheit und Sicherheitsmaßnahmen, Freiheit und Ordnung, ihr eingefleischtes Bedürfnis, das Kind ständig anzuleiten und zu fördern, über das Weinen und Wutanfälle und dann all die ängstlichen Erwartungen, ob "das Kind auch alles richtig lernt" und inwieweit es sich an kulturelle Bräuche anzupassen habe. Es waren Eltern, die von Herzen eine neue Erziehung für ihr Kind wünschten, doch noch keine persönliche Erfahrung gesammelt hatten, was auf der einen Seite "bedingungslose Liebe" und auf der anderen "Respekt für die Autonomie" bedeuten und was der Unterschied zwischen Direktivität und Grenzensetzen in konkreten Lebenssituationen wirklich ist. Trotz aller Haltungsschwankungen stellten sie immer wieder fest, wie ihr Verhältnis zum Kind sich entspannte, wann immer sie statt Angst bewußtes Vertrauen in die eigenen Kräfte des Kindes in die Situation einfließen ließen. So verbrauchten sie weniger Kraft mit Erziehen, Fördern, Belehren, Vorausgreifen und Korrigieren und gewannen dafür ein neues Gefühl von ruhiger Gegenwart, durch die Situationen anders wahrgenommen werden können.

Dieser Prozeß ging zwar nur zögernd und mit Unterbrechungen voran, doch auf die Dauer waren die Erfahrungen eher positiv. Eine neue Schwangerschaft konnten sie unter diesen Umständen mit ganz anderen Gefühlen begrüßen. Beide Eltern informierten sich ausgiebig, auf welche Weise sie diesem neuen Leben von Anfang an Respekt entgegenbringen könnten. Beide bereiteten sich auf eine natürliche Geburt vor und organisierten liebevoll die häusliche Umgebung, in die das Baby hineingeboren werden sollte. Dazu gehörte zum Beispiel, daß sie laute Musik und Fernseher aus dem Haus verbannten oder auch Besuchern, die das Neugeborene bewundern, verhätscheln und herummanipulieren wollten, energisch Grenzen setzten. Am schwierigsten war dabei, den beiden Großmüttern klarzumachen, daß sie nun selbst für das Baby voll verantwortlich sein wollten und Hilfeleistungen oder Ratschläge nicht automatisch akzeptieren würden, wie sie es beim ersten Kind getan hatten.

Dank ihrer Bekanntschaft mit der Arbeit von Emmi Pikler* und deren Erfahrungen im "Lòczy", einem Säuglingsheim, das seit über vierzig Jahren in Budapest auf bewußte, respektvolle Weise mit Säuglingen und Kleinkindern umgeht, hatten sie erkannt, daß solch ein Umgang zwar in einer normalen Familiensituation eine andere Form bekommen muß als in einer Institution, doch viel mit dem "Respekt für Lebensprozesse" gemeinsam hat, von dem im Pesta immer wieder die Rede war. Sie entschlossen sich darum, "noch einmal ganz klein anzufangen" um im Umgang mit ihrem Säugling mehr über diesen Respekt zu erfahren.

Solch eine Entscheidung, mit dem kleinen, "hilflosen" Kind auf bewußtere Weise umzugehen, als wir es sonst in

---

* Literaturhinweis:
Emmi Pikler u. a. »Miteinander vertraut werden – Erfahrungen und Gedanken zur Pflege von Säuglingen und Kleinkindern« (erscheint Anfang 1994 im Arbor Verlag)

unserer Umgebung gewohnt sind, wird zunächst einmal in den Pflegesituationen deutlich. Im "Lòczy", wo die Babies oftmals aus sehr schwierigen Verhältnissen kommen und besonders empfindlich auf jede Schwankung oder Veränderung reagieren, ist mit dieser Pflegesituation ein besonderes Ritual und eine feste Ordnung verbunden. Offensichtlich sind Säuglinge, die bereits im Mutterleib liebevoll angenommen wurden und eine glückliche Geburt erleben konnten, wesentlich robuster und können etwas mehr Unregelmäßigkeit oder Unruhe vertragen. Doch auch gesunde und robuste Babies profitieren von Regelmäßigkeit und blühen auf, wenn sich die Qualität der Zuwendung während der Pflege verbessert. So übte sich das Ehepaar M. darin, beim Füttern, Säubern und Wickeln, beim Baden und Anziehen dem Säugling das Gesicht ganz zuzuwenden, ihm solche Zeichen zu geben, die ihm zunehmend erlaubten, sich in jeder Situation zu orientieren. Sie redeten mit ihm mit ruhigen, beschreibenden Worten, "überfielen" es nicht unvorbereitet, wenn sie es z.B. aufnehmen wollten, sondern sprachen es vorher ruhig an und berührten seinen Körper erst, wenn das Kind aufmerksam war, was jetzt mit ihm geschehen würde. Anfangs zeigte sich seine Bereitschaft zunächst im Muskeltonus. Nach und nach machte es unscheinbare, dann immer klarere Bewegungen, die das Zeichen seines beginnenden Willens und seiner Kooperation waren. Obwohl das Kind in diesem Stadium noch "nichts eigenständig zu tun vermochte", konnte es sich doch so auf elementare Weise an seiner Pflege beteiligen. Es fühlte sich also nicht einfach als Objekt behandelt. Seine ersten Auseinandersetzungen mit jener Welt, die auf der andern Seite seiner Haut lag, kam nicht zu ihm als ein grobes "Gehandhabtwerden", sondern war geprägt von einer Atmosphäre des Respektes, der Sanftheit, Liebe und Aufmerksamkeit.

Damit aber Frau M. ihr Baby auf diese Weise pflegen konnte, mußte sie selbst eine neue Qualität des Gegenwärtig-seins entwickeln. Allmählich bekam sie Erfahrung diese immer mehr zu stabilisieren, einesteils gegen ihre eigene Gewohnheit, schon an etwas neues zu denken, während sie noch mit etwas anderem beschäftigt war. Das korrigierte sich wie von selbst, wenn sie sich dem kleinen Kind auch körperlich "zuwandte", ihm ihr volles Gesicht zeigte, mit leisen Worten mit ihm sprach und bei jeder Handlung die anfangs fast unsichtbare Bereitschaft oder Reaktion des Säuglings abwartete. Sie mußte auch lernen, Grenzen nach außen zu setzen, zum Beispiel sich nicht ablenken zu lassen, auch wenn für sie interessante Personen auftauchten. Mit der Zeit wurde deutlich, wie sehr das Baby diese gemeinsamen Zeiten genoß, wie sehr es die Gegenwart der Mutter, bzw. des Vaters voll in sich aufnahm, wie sehr sich in jeder Pflegesituation sein Gesicht öffnete und sein Körper sich entspannte. Doch nicht nur das Baby erlebte seine Betreuung als freudiges und beruhigendes Geschehen. Auch das Gesicht der Mutter, das früher oft voller Ängste und Hetze gewesen war, nahm einen neuen, friedlicheren und klareren Ausdruck an.

Nachdem Erwachsene und Säugling auf diese Weise jede Pflegesituation voll ausgekostet hatten, war das Baby mit sich und der Welt für gewöhnlich so zufrieden, daß es gern in seinem Bettchen oder später auf einer Matte am Boden lag, anfangs mit seinen Händen und später mit kleinen Gegenständen spielte, die es in seiner Reichweite fand. Es brauchte dabei nicht "unterhalten" zu werden, doch es hatte es gern, die Mutter oder den Vater in der Nähe zu wissen, auch wenn sie mit anderem beschäftigt waren und sich nur hin und wieder an das Baby wandten.

Eine weitere Einsicht, die Familie M. aus der Pikler-Erfahrung in ihre tägliche Praxis übernahmen, war, daß sie den Säugling nach der Pflege auf den Rücken legten, und zwar so, daß er nicht unnötig hin- und hergeschaukelt oder von einem Ort zum andern bewegt wurde. So brauchte er nicht von einer Seite auf die andere gehoben oder geschoben zu werden, hatte aber die Möglichkeit, aus seiner Lage seine ersten eigenen Lageveränderungen vorzunehmen. Jede Drehung war also seine eigene erste persönliche Errungenschaft. Aus diesen ersten winzigen Initiativen ging dann ganz allmählich seine gesamte Bewegungsentwicklung hervor. Die Eltern trugen oder schoben das Kind nur von einem Ort zum andern, wenn sie es nicht zurücklassen konnten, nicht aber, um es zu unterhalten oder ihm durchs Tragen ihre liebevolle Nähe zu schenken. Oft wird ja gerade von Menschen, die selbst nicht genug Körperkontakt bekommen hatten, das Tragen von Babys, so wie es bei den Naturvölkern üblich ist, als natürlicher Liebesbeweis interpretiert. Tatsächlich bleibt aber z.B. den Indianermüttern keine andere Wahl, als ihre Kinder überall mitzunehmen, wo sie Arbeiten zu verrichten haben. Sobald sie aber auf dem Feld sind, legen auch sie ihr Baby auf den Boden, damit es sich frei bewegen kann. Die kleinen Indianerkinder werden zum Herumtragen auch noch fest geschnürt, so daß ihr Körper genügend Widerstand hat und ihre Sinne bei allem, was sie auf solchen Reisen zu sehen bekommen, nicht überstimuliert sind, denn jede Bewegung, die über die eigene Fähigkeit des Kindes hinausgeht, ist ursprünglich Überstimulierung und verlangt nach entsprechendem Ausgleich.

Wenn Erwachsene lernen, sich ihrem Baby mit Achtung vor seiner keimenden Initiative zu nähern, entspringt jede neue Bewegung des Säuglings seinem eigenen Entwicklungsdrang, der ihn zur Interaktion mit der Welt anspornt. Er nimmt sich mehr oder weniger Zeit, um jede neue Variante seiner Aktivitäten zu entdecken, zu üben und zu vervollkommnen. Er wird also nicht hingesetzt oder hingestellt, bevor er selbst dazu kommt, und niemand "bringt ihm das Laufen bei", so wie wir es immer wieder bei gutmeinenden Müttern beobachten, deren Finger die innere Gleichgewichtsentwicklung des kleinen Kindes ersetzt, indem er dem Kind immer wieder zur Verfügung steht, um sich aufrecht zu halten. Dabei wird das Kind von früh auf in seinem eigenen Vertrauen und in seiner Bereitschaft, aus eigenen Erfahrungen und Fehlern zu lernen, geschwächt und so die Grundlage für viele Abhängigkeiten geschaffen. Sobald der Säugling zu kriechen beginnt, bereichern die Eltern die Umgebung mit kleinen Hindernissen, auf die er sich anfangs mühsam heraufzieht, um sich dann ganz vorsichtig wieder hinunterzulassen. Mit der Zeit werden diese einfachen Hindernisse komplexer, doch niemand zeigt dem Kind, wie es mit ihnen umgehen soll, um sie vielleicht etwas besser oder schneller zu bewältigen. Und es ist leicht zu sehen, wie aus solcher von innen her geleiteten eigenen Aktivität des Kindes Vorsicht und Sicherheit und die Fähigkeit, Situationen einzuschätzen und die eigenen Bewegungen zu koordinieren, allmählich wachsen und mit ihm das Vertrauen der Erwachsenen, daß "das Kind es selber schafft".

Durch seine Fähigkeit zum Voraussehen und seine größere Lebenserfahrung ist der Erwachsene ständig in Versuchung, den eigenen Problemlösungen des Kleinkindes vorauszugreifen. Da hat er nun ein ideales Übungsfeld, um zu lernen, kurz innezuhalten und mit aktiver Intelligenz die alltäglichen Situationen möglichst so zu gestalten, daß in ihnen das Kind seine Bedürfnisse ohne unnötige Abhängigkeit befriedigen kann. Zum Beispiel verlangt das Kind danach, auf gleicher Höhe mit dem Gesicht des Erwachsenen zu sein. Statt zum Beispiel ein Kind hochzuheben oder es heraufzuziehen, wie es seine Gewohnheit sein mag, denkt er schnell um und läßt sich statt dessen herunter, kniet oder sitzt auf dem Boden, so daß er mit dem Gesicht des Kindes auf gleicher Höhe ist. Oder wenn ein Kind gefallen ist und nun weint, kann der Erwachsene seinen ersten Impuls zügeln, das Kind sofort zu sich hochzunehmen. Er kniet beim Kind, um ihm dort unten beizustehen und erlebt, wie das Kind von selbst aufsteht, wenn die Krise vorüber ist.

Unzählige solcher unscheinbaren Situationen sammeln sich im Lauf der ersten Lebensjahre an. Familie M. hatte zuerst geglaubt, daß "eine freie Erziehung" bedeute, daß es nun keine Ordnung mehr gäbe, keine festen Zeiten zum Essen oder zum Schlafen, daß ihr Kind im Haus herumspringen und schreien oder auf dem Tisch sitzen könne, fremde Gegenstände für sich beanspruchen, jeden Erwachsenen beim Reden oder Arbeiten unterbrechen und überall und immer die Hauptperson sein müsse, um glücklich zu sein. Sie merkten dann, daß ihre Älteste immer konfuser und unglücklicher wurde und verfielen wieder in rigorose Disziplin, bis sie sich dem berechtigen Protest nicht mehr entziehen konnten und überhaupt nicht mehr ein und aus wußten. Allmählich ging ihnen ein Licht auf, daß Respekt gegenseitig wird, wenn von Anfang an die Autonomie des Kindes innerhalb klarer Grenzen respektiert wird.

Tatsächlich braucht ein Kind schon in frühem Alter Grenzen, weil dies zur Struktur seines Reifezustands gehört, doch das nur, wenn es eben innerhalb dieser Grenzen nicht ständig gegängelt, stimuliert, gefördert oder in seinen Absichten unterbrochen wird. Hier sehen wir ein weiteres wichtiges Element dieser respektvollen "Früherziehung": Das Kind wird schon bald fähig, auf friedliche Weise in den täglichen Lebenssituationen zu kooperieren, wenn ihm Gelegenheit gegeben wird, sich zu orientieren, zu merken worum es eigentlich geht, unter der Bedingung, daß man ihm Zeit läßt, damit es sich zum Kooperieren entschließen kann.

Als das eineinhalbjährige Kind der Familie M. einmal mit ihrer Mutter zu mir zu Besuch kam, fing es gleich an, sich für viele Gegenstände der neuen Umgebung zu interessieren, die in seiner Reichweite waren. Doch wir hatten vor, zusammen auszugehen, und ich konnte nun sehen, wie sich hier ein Konflikt zwischen Mutter und Kind anbahnen würde. In ähnlichen Situationen hatte ich immer wieder erlebt, wie alles darauf hinauslief, daß die Mutter ein schreiendes und zappelndes Kind mit großem Kraftaufwand und einer Leidensmiene davontrug. Doch hier kam es anders: Frau M. kniete sich zum Kind hinunter und sagte ihm: »Wir gehen jetzt gleich mit Rebeca fort.« Das Kind verstand zwar die Worte nicht genau, merkte aber, daß da irgend etwas im Anzug war und daß seine Mutter etwas von ihm wollte. Das sank in sein Bewußtsein ein, während es weiter mit den Gegenständen spielte. Nach einer kleinen Weile ging die Mutter wieder in die Nähe des Kindes und kniete sich etwa zwei Meter von ihm auf den Boden. Sie nahm mit dem Kind Blickkontakt auf und sagte dann mit fester Stimme: »So, jetzt gehen wir fort.« Dann wartete sie ein paar Momente, bis das Kind den Gegenstand weglegte und sagte dann wieder: »Ja, jetzt gehen wir«, machte aber keine Anstalten, das Kind aufzunehmen. Nach einigen Sekunden, in denen das Kind zwischen dem Gegenstand und seiner ruhig wartenden Mutter hin- und herzögerte, kam es freudig auf die Mutter zu, schmiegte sich in ihre Arme und ließ sich ohne weiteres mitnehmen.

Häufige solch unscheinbarer Erfahrungen führen dazu, daß sowohl Erwachsene als auch Kinder ihre Grenzen und Möglichkeiten kennenlernen, daß sie immer neue Lebenssituationen kompetent einschätzen und aufhören, beziehungsweise gar nicht erst damit anfangen, sich gegenseitig zu quälen und zu manipulieren. Die logische Folge ist, daß das Kind so entspannt und weltoffen bleibt, daß die übliche Frage nach dem Lernen durch Belehrungen gegenstandslos wird, denn in einer freien, respektvollen und freudigen Interaktion mit einer kindgerechten und gesellschaftsgerechten Umgebung findet Lernen ja ständig durch eigenes Handeln, Beobachten, Zuhören, Mitfühlen und Mitdenken statt.

Es ist ziemlich unwahrscheinlich, daß Eltern, die die Lebensprozesse ihres Kindes Jahr für Jahr respektiert haben und dadurch selbst gereift sind, es dann in eine Umgebung zwingen, in der systematisch gegen die Grundbedürfnisse von Kindern verstoßen wird. Und wenn solche Eltern sich an einer Initiative für offenes Lernen beteiligen, ist kaum zu erwarten, daß sie Druck auf die Lehrer ausüben, damit ihr Kind motiviert und gefördert wird, um sich trotz alternativer Erziehung hoffentlich dem Standard einer richtigen Schule doch noch anzupassen. Solch eine Alternativschule, in der Eltern und Lehrer angstfrei zusammen wirken, scheint heute noch eine Utopie – aber eine Utopie, für die es sich zu arbeiten lohnt!

Schritte auf dem Weg zu einer vorbereiteten Umgebung für Kinder

Viele Besucher im "Pestalozzi" drücken ihre Überraschung aus, wie reibungslos der tägliche "Betrieb" abläuft, wie wenig Kinder in dieser vorbereiteten Umgebung wegen aufgestauten inneren Druckes ihre Aggressionen gegen andere spüren lassen – wie wenig Lärm oder Unordnung das Nebeneinander oder Ineinandergreifen der verschiedensten Aktivitäten von Kindern so unterschiedlichen Alters zu stören drohen. Auf den ersten Blick ist es auch nicht leicht, die verschiedengelagerten Schwierigkeiten der Kinder zu entdecken, die ich in den vorhangegangenen Beispielen angedeutet habe. In unseren wöchentlichen Arbeitsbesprechungen kommen zwar besonders die Sorgen zur Sprache, die wir uns um bestimmte Kinder oder Konfliktsituationen machen und für die wir Lösungen suchen. Sicher könnten wir uns auch daran erfreuen, unsere schönen Erlebnisse mit den Kindern zu erzählen oder die Harmonie zu preisen, in der wir arbeiten, wenn die Zeit dafür reichen würde. Dieses Grundgefühl, daß wir mit unserer Arbeit "auf dem richtigen Weg" sind, gibt uns jedenfalls täglich neuen Auftrieb, die Hindernisse anzugehen, die sich uns aus erwarteten oder unerwarteten Richtungen entgegenstellen.

Bei jeder Besprechung über den Zustand oder die Lebenssituation von Kindern versuchen wir, die Erwachsenen mit unserem Grundansatz in Verbindung zu bringen, der somit immer wieder aufs neue formuliert wird. Dieser

Ansatz ist trotz aller Varianten so einfach, daß er sowohl von "gebildeten" als auch von "ungebildeten" Leuten leicht verstanden werden kann. Er gilt für Stadtkinder aus wohlhabenden Familien ebenso wie für Slumkinder oder für Kinder, die auf dem Land leben, einschließlich Indianergemeinschaften.

Dieses Konzept läßt sich in wenigen Sätzen zusammenfassen und für gewöhnlich leuchtet es jedem ein, der ehrlich wagt, Herkömmliches zu hinterfragen und Problemen auf den Grund zu gehen. Hier noch einmal die Essenz dieses Ansatzes:

– Alles organische Leben entwickelt und manifestiert sich als Interaktion zwischen einem lebenden Organismus und einer Umgebung.

– Diese Interaktion wird immer von innen gesteuert, denn die selbsterhaltende und selbstregulierende Instanz, die Leben und Entwicklung ermöglicht, ist innerhalb des Organismus gelagert (z.B. im Zellkern, im genetischen Code).

– Jeder Organismus enthält in sich sein eigenes artspezifisches Entwicklungsprogramm, einschließlich der Möglichkeit zu neuartiger Interaktion mit seiner Umgebung. Dieses Potential ist beim menschlichen Organismus unvergleichlich größer als bei jedem anderen Lebewesen. Allerdings kann jeder Organismus sein Potential nur dann entfalten, wenn er eine seinen Entwicklungsbedürfnissen entsprechende Umgebung vorfindet. Für den Menschen bedeutet dies, daß sich auch echte Entscheidungskraft, Kreativität, Intelligenz und soziales Verhalten ganz natürlich entwickeln, wenn die Umgebung diese Möglichkeit nicht verhindert.

– Wie bei jedem lebenden Organismus, entwickeln sich auch die menschlichen "Jungen" in einer spezifisch vorbereiteten Umgebung von der Befruchtung bis zur Reife. Doch die volle Entwicklung des menschlichen Kindes vollzieht sich über einen besonders langen Zeitraum hinweg. Die Umgebung muß nicht nur den verschiedenen Entwicklungsetappen entsprechen, sondern ein Gleichgewicht aus natürlichen und kulturellen Elementen ist erforderlich, soll das menschliche Potential erfüllt werden.

– In jeder Entwicklungsetappe wird die Interaktion durch spezifische Bedürfnisse von innen her geleitet, die auf deutliche oder subtile Weise in Erscheinung treten können.

– In jeder Etappe stellt sich ein neues Verhältnis zwischen den Grundbedürfnissen her, nämlich dem Bedürfnis nach Liebe, dem Bedürfnis nach autonomer, von innen geleiteter Interaktion und dem Bedürfnis nach festen Grenzen.

– Beim menschlichen Kind ist das Bedürfnis nach Liebe viel stärker ausgeprägt und viel tiefer und komplexer als bei anderen Lebewesen. Es ist so stark, daß das Kind durch dieses Bedürfnis ungeheuer anfällig für Konditionierung ist und durch dieses Bedürfnis in große Abhängigkeit verfallen kann, wenn Liebe nicht bedingungslos und frei gegeben wird.

– Beim menschlichen Kind ist neben einem starken Nachahmungstrieb das Bedürfnis nach freiem Experimentieren mit der Umwelt ungeheuer stark. Wenn die Umgebung diesem Bedürfnis nach freiem Spiel nicht gerecht wird oder es durch das überlebenswichtige Liebesbedürfnis gelenkt wird, entsteht ein Gefühl des Mangels oder Aggression.

– Auch wenn das Gleichgewicht zwischen diesen Grundbedürfnissen gestört ist, kann der Organismus in einer entspannten vorbereiteten Umgebung zu neuem Gleichgewicht kommen, sich selbst heilen oder einen neuartigen Ausgleich für sein Defizit finden, solange dies nicht durch Interferenzen von außen verhindert wird.

Gegen diese einfachen Grundsätze sollte es eigentlich von keiner Seite triftige Einwände geben. Warum aber zucken Menschen immer wieder die Achseln, wenn sie davon hören? Ich glaube, daß aus der geschichtlichen Studie von Carl-Heinz Mallet (Untertan Kind) sehr deutlich wird, welch pädagogische Tradition unsere Generation immer noch mehr belastet als wir für möglich halten. Diese Studie zeigt auf, warum es für unsere Generation nicht leicht sein kann, in unserem Denken und Fühlen und unseren pädagogischen Grundlagen dem Übergewicht der letzten vierhundert Jahre durch eine neue Einsicht zu entkommen.

Auch wenn heute nur noch wenige ehrlich überzeugt sind, daß man mit Prügeln und Züchtigen von klein auf die "angeborene Bosheit und Dummheit" der Kinder in Menschenfreundlichkeit und Klugheit verwandeln kann, spuken doch noch viele der althergebrachten Ideale des Gehorsams und der Notwendigkeit zur Kontrolle in unseren Gemütern. Und nach wie vor leben die Erwachsenen von heute im Glauben, daß sie "wissen, was für das Kind gut ist" und daß sie darum die Verantwortung haben, das Leben der Kinder zu bestimmen. Das Prügeln ist heute nicht mehr hoch im Kurs, doch statt dessen hat man das traditionelle Repertoire an pädagogischen Techniken und therapeutischen Künsten so gut entwickelt, daß sie ein feinmaschiges Netz ergeben, durch das immer weniger Kinder einen Schritt in das Land persönlicher Freiheit tun können. Und da diese Techniken auch das Liebesbedürfnis und die Emotionen der Kinder einbeziehen, merken sie oft nicht, wie subtil sie gegängelt und kontrolliert wurden, bis sie sich bei Einbruch der Pubertät entweder stolz mit den eingeimpften Werten identifizieren oder sie lautstark ablehnen. Besonders beeindrukkend ist die Zahl von Erwachsenen, die früher oder später auf die Suche nach ihrem Selbst gehen, das in der Kindheit verloren gegangen ist. Doch nicht alle Suchenden fassen auch den Entschluß, den eigenen Kindern diese Umwege zu ersparen...

Vielleicht überrascht es, wieso auch die antiautoritäre Welle, durch die noch vor nicht allzu langer Zeit die kindliche Situation eine neue Richtung bekommen sollte, in Wirklichkeit immer noch zur Tradition der früheren autoritären Erziehung gehört, nur diesmal mit anderen Vorzeichen.

Wir sind ja noch weitgehend in linearem Gegensatzdenken befangen. Wie können wir es uns selbst und anderen da übelnehmen, wenn uns das Verstehen von Lebenssystemen und ihren inneren Zusammenhängen trotz bestem Willen immer wieder schwerfällt? Dieses Konzept, das wir "biologisch" nennen, weil es sich auf die lebendigen Wachstumsprozesse des menschlichen Organismus bezieht, verlangt von uns das Vernetzen von inneren und äußerem Geschehen, das nur durch wirkliches Leben, nicht durch Belehrung in Kraft treten kann.

Dem Versuch, den "Respekt fürs Leben" zum zentralen Ausgangspunkt unserer Arbeit zu machen, werden immer wieder scheinbar höchst vernünftige und triftige Gründe entgegengestellt. Viele von ihnen sind wohl Scheingründe, die notdürftig verdecken, daß sich Erwachsene eine Kindheit ohne Machtausübung oder ständige Kontrolle einfach nicht vorstellen können, ohne gleichzeitig in die drohende

Vision eines "kompletten Chaos" zu verfallen. Und das kann sich auch noch hinter dem Wunsch zu subtilstem Führen und Leiten mit vielen Liebesbezeugungen verbergen.

Andere Begründungen beziehen sich auf die Notwendigkeit, "Kinder auf die Zukunft vorzubereiten". Unsere Ängste und Sorgen sind sicher nicht unberechtigt. Niemand weiß, was die Zukunft bringen wird, und die meisten spüren einen gewissen Druck im Magen, weil die Aussichten alles andere als rosig sind. Darum scheint es berechtigt, die Kinder so vorzubereiten, daß "sie sich behaupten lernen", damit sie sich nicht ausnützen lassen (sondern andere ausnützen?) und sie durch frühen Notendruck rechtzeitig an die Realität der Gesellschaft zu gewöhnen. Doch wir vergessen dabei, daß gerade diese Mentalität inneres und äußeres Leben zerstört, daß sie immer mehr Menschen verstört und gerade der Schädling ist, der Gegenwart und Zukunft an der Wurzel zerstört.

Doch selbst Menschen, die am Prinzip des "Respekts für das Leben" überhaupt nichts auszusetzen haben, relativieren es, indem sie behaupten, daß es sich leider um eine "Utopie" handele, die bestenfalls einer Minderheit offenstehe und daß dieser Ansatz darum als zu elitär abzulehnen sei. Dagegen ist das Argumentieren freilich nicht leicht, denn wer könnte auch behaupten, es sei nicht dringend, die sozialen Zustände auf der Welt zu verbessern?

Aber für uns ist es immer wieder eine Überraschung, wie selbst in Umständen, die alles andere als ideal sind, wo es sogar an Nahrung, Hygiene und menschenwürdiger Behausung mangelt, Kinder trotzdem sichtlich aufblühen, wenn nur jemand in ihrer Umgebung anfängt, die Grundregeln der Interaktion und damit der Beziehung Erwachsener-Kind zu respektieren. Wir sehen andererseits, wie selbst in "bevorzugten" Lebensumständen, wo alles vorhanden scheint, was zu einem würdigen oder sogar reichen Leben beitragen kann, doch Mangelerscheinungen und Verzerrungen auftreten, wenn eben dieselben Grundsätze mißachtet werden.

Welchen Unterschied eine andere Art von Zuwendung selbst in tristen Lebensumständen für Kinder bedeuten kann, wurde seit dem Jahr 1955 auf Kauei, einer hawaianischen Insel, von einer Gruppe Sozialforschern in einer Studie nachgewiesen, die in der Zeitschrift "Scientific American" veröffentlicht wurde. Auf Kauei wurden über eine Spanne von dreißig Jahren 698 Kinder, die alle in sogenannten "hohen Risikosituationen" geboren wurden, beobachtet. Diese Kinder wuchsen entweder in besonders armen oder getrennten Familien auf, und/oder mit geistig behinderten, emotional gestörten, alkoholischen oder drogensüchtigen Eltern, also alle in Umständen, die normalerweise eine gesunde Entwicklung von Kindern erschweren oder verunmöglichen. Kinder aus solchen Familien haben es für gewöhnlich in der Schule besonders schwer. Später gelingt es ihnen selten, eine befriedigende Arbeitsstelle zu bekommen, beständige Partnerschaften zu pflegen oder eigene Kinder aufzuziehen. In vielen Fällen treten all diese Merkmale eines unglücklichen Lebens gleichzeitig auf.

Bei zwei Dritteln dieser Kinder hatten sich in den verschiedenen Beobachtungsetappen die Voraussagen bestätigt. Sie zeigten Schwierigkeiten wie Kriminalität, Drogensucht, Alkoholismus, Lernbehinderungen, emotionale Unstabilität, Schwangerschaften in der Adoleszenz und ähnliche Hindernisse für einen vollen Reifeprozeß. Doch ein Drittel der Gruppe hatte trotz ihrer schlechten Startchancen ein normales, einigermaßen erfülltes Erwachsenenleben entwickelt. Als ihre Fälle analysiert wurden, hatten sie alle gemeinsam, daß im Lauf ihrer Kindheit mindestens zwei Jahre lang wenigstens ein Mensch vorhanden gewesen war, der ihnen bedingungslose Liebe und Freiheit für eigene Entscheidungen geschenkt hatte. Das mochte ein Verwandter sein, ein Nachbar oder sonst jemand in der Umgebung, in der solch ein Kind aufwuchs.

Gerade in den Drittweltländern, wo das Bedürfnis nach sozialer Gerechtigkeit und besseren Lebensumständen für große Teile der Bevölkerung vorrangig ist, ist diese Studie wohl von besonderer Bedeutung. Sie scheint ein guter Beweis, daß wir eben nicht warten müssen, bis "alles besser geworden ist", um Kindern wenigstens diese beiden menschlichen Grundbedürfnisse zu erfüllen. Sie macht uns auch Hoffnung, daß wir einen wichtigen Beitrag für eine bessere Zukunft leisten, selbst wenn wir nicht an Protestmärschen teilnehmen, sondern nur in aller Stille eine neue Situation für Kinder schaffen.

Wir haben uns nach all diesen Jahren natürlich an all die Gegenargumente gewöhnt, die unweigerlich ins Feld geführt werden, sobald die Sprache auf einen längst fälligen Wandel in der Erziehung kommt. Doch wir hören nicht auf, uns zu fragen, worin denn die Schwierigkeiten liegen, daß selbst Menschen, die ehrlich versuchen, für eine bessere Lebensqualität und für einen neuen Ansatz im Umgang mit Kindern zu arbeiten, es doch nicht leicht haben, die einfachsten Grundsätze in die Praxis umzusetzen?

In welchem Umfeld spielt sich denn heutzutage die Suche nach einer Alternative ab? Wächst nicht ständig die Zahl derer, die Kritik am modernen Erziehungssystem üben: von Lehrern, die anfangs große Hoffnung auf ihre Arbeit setzten, sich aber bald überfordert fühlen, mit Lernverweigerung, Aggression oder den zunehmenden Schulkrankheiten der Kinder zurechtzukommen; von Eltern, die in ständiger Sorge leben, ob ihre Kinder dem wachsenden Druck der Schule und den Anforderungen einer ungewissen Zukunft gerecht werden können, doch je mehr sie darauf mit eigenem Druck auf ihre Kinder reagieren, umso übler wirken sich diese Bemühungen auf Dauer auf die junge Generation und aufs Familienleben aus. Es ist auch kein Geheimnis mehr, daß das dauernde Drängen auf höhere Schulbildung große Opfer an kindlicher Unbeschwertheit, Freude, und eigenen Interessen fordert und auf die Dauer nicht nur die Kreativität, sondern auch die Gesundheit untergräbt. Zudem ist der Ertrag unsicher, denn die Hälfte der Abiturienten scheitern unter den Anforderungen, die an der Universität gestellt werden oder wechseln von Fakultät zu Fakultät, um vielleicht einmal herauszufinden, was ihnen wirklich entspricht. Und von der erfolgreichen Hälfte finden nur wenige wirkliche Erfüllung im Berufsleben, wie Umfragen immer wieder bestätigen. Außerdem merken viele später, daß ihre Fähigkeit, enge menschliche Beziehungen einzugehen, unter ihrer "Bildung" gelitten hat.

Und schließlich häufen sich noch die Klagen, daß trotz (oder wegen?) ständig wachsenden Wissens und verbesserten Techniken die Probleme auf der Welt keineswegs abnehmen, sondern sichtlich schlimmer werden.

Interessante Analysen zeigen, welche Wirkungen der allgemein ersehnte Fortschritt auf die Qualität des Lebens auf der Erde hat, wie die Industrialisierung uns nicht nur Güter und willkommene Arbeitserleichterung beschert, sondern die Vorräte der Erde verbraucht, Lebensformen und Kulturen zerstört, wie sie uns dazu verdammt, inmitten von Umweltverschmutzung zu leben. Die Kinder der Industriegesellschaft wurden längst aus ihren menschlichen Zusammenhängen gerissen und in ein Ghettoleben verbannt, das sie angeblich "auf die Zukunft vorbereiten" soll. Doch vor allem sorgt dieses Ghetto dafür, daß sie das Leben der Erwachsenen nicht stören, nicht in Frage stellen. Auch wenn es so klingt, daß das "Recht auf Bildung" die langersehnte Wohltat für alle Kinder der Welt und gleiche Chancen für alle beabsichtigt, ist doch kaum noch zu verbergen, daß es in Wirklichkeit vor allem ein neuer Stil von Anpassung und Unterwerfung, diesmal unter das allgemeine Fortschrittsdenken bedeutet. Und selbst da, wo das System erfolgreich erscheint, gibt es doch keine Antwort auf die dringende Forderung nach "vernetztem Denken", das mit offenen Lebenssituationen respektvoll umgehen sollte, um unsere "Pacha Mama", unsere "Mutter Erde" nicht zu verdrießen, die uns allen das Leben ermöglicht.

Das Unbehagen wächst und zu den Lebensproblemen unseres Planeten Erde, die uns heute graue Haare wachsen lassen, gehört nicht zuletzt der Zustand der heutigen jungen Generation. Es gibt endlose Diskussionen über das Curriculum, notwendige Stundenzahlen und Lerntechniken. Immer neue Spezialisierungen zielen dahin, Kindern von klein auf zu helfen, "doch noch mitzumachen und mitzukommen".

Hie und da sprießen Ansätze, das gesetzlich verordnete Ghetto den kindlichen Bedürfnissen ein wenig mehr anzupassen. Es kommt schon vor, daß in fortschrittlichen Schulen Kinder zwischen zehn bis gar fünfzig Prozent der Zeit Freiarbeit zugestanden bekommen, das heißt, daß sie zwischen verschiedenen Arbeitsangeboten etwas Interessantes aussuchen dürfen, doch das freilich nur, wenn sie das vorgeschriebene Mindestmaß an Lernstoff absolviert haben. Alternativen, die grundsätzlich die kindlichen Bedürfnisse vor die Anforderungen eines amtlichen Curriculums stellen, sind aber auf der ganzen Welt erstaunlich rar, trotz aller Kritik am jetzigen Schulsystem und trotz aller Widersprüche, die von allerlei Reformen immer wieder heraufbeschworen werden.

In diesem Dilemma wachsen dann verschiedene Initiativen, die wirklich etwas Neues auf die Beine stellen wollen. Doch sogar hier werden noch viele Ja-Abers ins Feld geführt und trotz allem Verständnis für Kinder immer wieder Kompromisse mit dem Herkömmlichen geschlossen. Das wird begründet mit Behörden, die einem Schwierigkeiten bereiten könnten – was sie natürlich auch tun – der Sorge, wer denn so etwas bezahlen würde, dem Problem von Räumlichkeiten, die offenbar für Gesang- oder Turnvereine, nie aber für eine Kindergruppe zu haben sind, die "außerhalb der Normen" zusammenkommt. Da ist die Frage nach sicherem Einkommen, einschließlich der Altersversorgung, die Scheu vor längeren Arbeitszeiten ohne entsprechende Vergütungen und auch immer wieder das Problem, daß man sich mit anderen Interessierten über die verschiedensten praktischen und inhaltlichen Fragen einfach nicht einigen kann. Oft fehlt es an entschlossenen Personen, die gegen Wind und Wetter alles auf sich nehmen, was solch eine Initiative an Beschwerden mit sich bringen kann. Interessierte Eltern suchen sich dann einen idealistischen Lehrer, der dann aber den Eltern vielleicht auch nicht allzuviel über ihre Kindererziehung sagen kann oder darf. Und selbst wenn all diese Hürden genommen sind, plagt uns schließlich ein sehr reelles Problem, daß nämlich gerade Erwachsene, die im Interesse der eigenen Kinder in einer Initiative arbeiten, häufig in Zeitkonflikt mit ihrer eigenen Familie kommen und von ihren Kindern hören müssen: »Du liebst die Schule mehr als mich!«

Doch glaube ich, daß solche Hindernisse letztendlich Auswirkungen innerer Zustände sind, die unser Denken und Fühlen und damit unsere Problemlösungen beeinflussen. Eine Erziehung, die bewußt Lebensprozesse wahrnehmen und respektieren will, braucht notgedrungen einen

Paradigmenwechsel, einen neuen Rahmen der Wahrnehmung der Wirklichkeit und zum Lösen von Problemen. Dieser Wechsel ist aber nicht von der Gesellschaft zu erwarten. Er kommt nur dann zustande, wenn er zunächst im Leben von Einzelnen stattfindet. Auf welche Weise er aber einmal für die Gesellschaft im allgemeinen gültig wird, ist unmöglich vorherzusagen. Vorläufig müssen wir uns damit abfinden, daß wir kaum Lob oder ungeteilten Zuspruch für unsere Anstrengungen bekommen, und wir sollten uns nicht wundern, wenn solche Arbeit mit Kindern innerhalb des alten Paradigmas immer wieder auf Unverständnis und mehr oder weniger heftige Widerstände stößt.

Doch schwieriger zu bewältigen als alle Opposition von außen sind immer noch die Widerstände, die von innen kommen und uns immer wieder daran hindern, neuen Situationen gegenüber so unbefangen zu sein wie die Kinder und die darum unserem Wachstum im Weg stehen, das bei Kindern ein natürlicher, unaufhaltsamer Prozeß ist. Unsere ständigen Zweifel und Unsicherheiten wurzeln in der Tatsache, daß wir selbst, die wir doch neue Bedingungen für Kinder schaffen wollen, von den Werten, Erwartungen, Verständnissen und Gewohnheiten des alten Paradigmas geprägt sind. Mit jungen Katzen hat man Experimente angestellt, in denen sie in einer bestimmten Entwicklungszeit nur horizontale bzw. nur vertikale Linien in ihrer Umgebung zu sehen bekamen. Als sie groß wurden, waren sie unfähig, vertikale bzw. horizontale Linien überhaupt wahrzunehmen. Ähnlich ergeht es auch uns, die wir als Kinder so behandelt wurden, wie man eben Kinder normalerweise behandelt, und zwar nicht nur in der Schule, sondern von klein auf in der Familie, von Verwandten, Freunden und Bekannten. Es ist darum natürlich, daß wir die Wirklichkeit der Kinder und unsere Beziehung zu ihnen zunächst einmal mit den gleichen Beschränkungen wahrnehmen, mit denen wir selbst aufwuchsen, auch wenn wir uns längst aus ihnen heraussehnen.

In diesem Zustand hören oder lesen wir vielleicht etwas über "freie Erziehung" und begeistern uns für die Idee. Oft tauschen wir da gleich die Richtlinien der traditionellen Erziehung und deren Methoden gegen die Idee einer freiheitlichen Erziehung ein. Alles ist hier erlaubt, was vorher verboten war und wo vorher der Erwachsene tyrannisierte, tyrannisiert nun das Kind. Wenn uns dieser Zustand auf die Nerven geht, greifen wir vielleicht mit schlechtem Gewissen wieder zu den bewährten Druckmitteln, oder wir idealisieren unsere Erfahrung und klammern die Schwierigkeiten aus.

Wer aber ein Buch über Tanz liest und sich dafür begeistert, merkt sicher bald, daß er damit noch nicht selbst tanzen kann. So brauchen auch wir für die Praxis einer neuen Erziehung geduldiges Ausprobieren und Üben mit viel Geduld und Ausdauer, Beobachtung und Kritik, bis wir allmählich Siutationen aus verschiedenen Perspektiven wahrnehmen und beurteilen lernen. Wir können eine solch neue Sichtweise nicht einfach durch Nachahmung lernen oder sie als "neue Erziehungsmethode" zu systematisieren versuchen. Denn auch das Leben des Erwachsenen, einschließlich seiner Sinne, entfaltet sich von innen nach außen, wenn es authentisch und nicht vor allem Nachahmung ist.

Darum hoffen wir, daß mit der Zeit das Bedürfnis und die Initiative für eine neue Erziehung von den Eltern kleiner Kinder ausgeht und nicht, wie bisher meist üblich, von frustrierten Eltern zusammen mit Lehrern, die vor allem theoretisches Wissen über "alternative Techniken" mitbringen. Das heißt nicht, daß diese Anstrengungen nicht bahnbrechend sein können, doch die Arbeit ist kaum zu bewältigen, solange die Kinder in der liebevoll vorbereiteten Umgebung unentwegt ungeeignete Erfahrungen von zuhause loswerden müssen oder die Eltern den Dialog mit den Lehrern immer wieder durch ihre Ängste erschweren, obwohl doch bei ihnen das Vertrauen in die eigenen Kinder längst hätte wachsen können.

Unserer Ansicht nach sollten also sinnvollerweise das Bedürfnis der Eltern und ihre Bereitschaft, geeignete Umgebungen für ihre Kinder zu schaffen, Ausgangspunkt für eine neue Erziehungspraxis sein. Aus der Sicherheit solcher ersten respektvollen Beziehungen können Kinder nach und nach in neue vorbereitete Umgebungen hineinwachsen. So bilden sich immer weitere konzentrische Kreise, die, wie wir hoffen, auch wertvolle Erfahrungen für eine respektvollere, menschlichere Gesellschaft ermöglichen.

Das Bedürfnis nach Wandel wächst deutlich. Trotzdem sind sich noch nicht viele Eltern ihrer wichtigen Rolle bewußt. Die meisten versuchen noch, sie zu delegieren. Sie fühlen sich oft bis an den Rand mit ihren eigenen Problemen belastet und erwarten, daß der Staat, die soziale Fürsorge und alle Arten von Spezialisten ihnen die Sorge, Verantwortung und Entscheidungen für ihre Kinder abnehmen. Innerhalb ihrer vier Wände fühlen sich viele überfordert, mit den kleinen Menschen fertig zu werden, die sie selbst in die Welt gesetzt haben. In einer vor kurzem durchgeführten Umfrage in der Schweiz, immerhin einem Land, in dem die Überlebensprobleme im Vergleich zu den armen Ländern gering erscheinen, bestätigte die Hälfte der befragten Eltern aus den verschiedensten Volksschichten, daß sie ihre Kinder von null bis zweieinhalb Jahren im Verlauf der letzten Woche geschlagen hätten. Sicher glauben die meisten dieser Erwachsenen heutzutage nicht mehr, was früher weitgehend gepredigt wurde, daß es nämlich "ihre heilige Pflicht" sei, ihre Kinder körperlich zu züchtigen. Ich glaube eher, daß sie sich einfach nicht anders zu helfen wissen und in ihrer Unfähigkeit, mit sich und dem Leben zurechtzukommen, außer sich geraten und zum Schlagen kommen. Daß ihnen die kleinen Kinder auf die Nerven gehen, ist auch nicht verwunderlich. Kinder dieser Altersgruppe können sich ja gegen eine Umwelt, die gegen ihre Bedürfnisse verstößt, nicht anders als mit Weinen, Protestieren und Verweigerung wehren. Es fehlt ihnen noch an Erfahrung, wie sie sich an eine solche für ihre Reifeprozesse ungeeignete Welt anpassen können, und ihnen steht noch nicht das Rollenspiel zur Verfügung, durch das unverdauliche Erlebnisse allmählich verarbeitet werden können.

Nicht nur "ratlose" oder "unverantwortliche" Eltern können einer neuen Erziehung bewußt oder unbewußt im Weg stehen. Sie sind vielleicht noch froh, wenn gutmeinende und engagierte Erzieher oder Lehrer neue Wege mit ihren Kindern erproben wollen und genießen nicht selten, daß ihre Kinder aus einer liebe- und respektvollen Beziehung mit anderen Erwachsenen wohlgelaunt und voller Kraft zu Hause die Schwächen der Eltern hinnehmen oder sie sogar in ihren Problemen unterstützen.

Eltern mit hohen Erwartungen an sich selbst und an ihre Kinder finden es oft besonders schwer, die altbewährte Tradition des Lehrens und Belehrens, des Förderns und Motivierens infrage zu stellen, aus der sie selbst "zu dem geworden sind, was sie heute sind". Dank ihrer größeren Ressourcen bringen sie die alte Erbsünde durch vielerlei Mittel zu immer neuem Leben: »Ich weiß, was für dich gut ist und sorge dafür, daß du nichts verpaßt, was dich intelligent und glücklich macht.« Es sind gerade diese Eltern, die auch in einer Alternativschule noch dafür sorgen möchten, daß ihr Kind auch ordentlich gefördert wird, die nicht vertrauen können, daß ihr Liebling aus dem interessanten Angebot auch das Richtige aussucht und die möglichst noch die Nachmittage für allerlei fördernde Kurse ausnutzen, statt selber für Lebensumstände zu sorgen, in denen Kinder ihr Bedürfnis nach Aktivität autonom befriedigen können.

Was für die meisten Erwachsenen ihre ersten Erfahrungen in alternativer Erziehung ständig erschwert, ist die häufige Verwirrung, wenn es darum geht, Grenzen zu setzen. Die Erfahrungen und Blockierungen aus der eigenen Kindheit erschweren uns bis in die Erwachsenenjahre hinein, offene und unvorhergesehene Situationen zu beurteilen. Da Grenzen grundsätzlich schmerzlich sind, möchten "alternative" Erwachsene den Kindern diesen Schmerz möglichst ersparen, obwohl Grenzen zum Leben und zum Reifen unerläßlich sind. Wenn es letztendlich trotz allen Zögerns unmöglich wird, Grenzen zu vermeiden, versuchen besonders die "wohlmeinenden" Erwachsenen, sie durch Erklären abzuschwächen. Damit bereiten sie doppelten Schmerz, nämlich den unvermeidlichen Schmerz der Grenze und dazu noch den vermeidlichen der Interferenz in die kindliche Interpretation dieses Erlebnisses, da das Kind seinen Schmerz oder Protest so nicht frei äußern kann. Kleine Kinder haben aber noch nicht das Gefäß, unsere wohlmeinenden Erklärungen aufzunehmen – sie sind für sie eine Art chinesisch, das sie zwar nachplappern, aber nicht wirklich verstehen können – und ihr Gefühl nicht wahrgenommen und verstanden zu werden, wird so immer wieder bestätigt.

Es sollte uns also nicht wundern, wenn solche Art "freier" Erziehung zu einem Kuriosum wird, weil Kinder ohne feste Grenzen unglücklich und durch das ewige Erklären von Situationen unsicher und aggressiv werden.

Ein neues Erziehungskonzept kann also noch so einfach und logisch sein, es kann doch nicht verstanden werden, es sei denn durch Erfahrungen, die in verschiedenen, meist unvorhergesehenen konkreten Situationen gesammelt werden. Bis dahin bleibt es Theorie, die mit genügend Nachdruck zu einem neuen Dogma wird, wenn nicht jedes neue durch Erfahrung gewonnene Verständnis immer wieder durch Fehlermachen und -korrigieren "am Leben bleibt". Im Pestalozzi gilt darum der Spruch für Lehrer und Erzieher: "Wer glaubt, er wisse jetzt, wie man mit Kindern umgeht, soll besser kündigen."

Die häusliche Umgebung sollte sowohl für die Bedürfnisse der Kinder als auch der Erwachsenen vorbereitet sein. Doch die täglichen mit Kindern erlebten Situationen haben es an sich, daß sie unsere früher nützlichen und erfolgreichen Lebensstrategien schnell in Frage stellen.

Vielleicht haben wir uns sportlich geschult und verfügen nun über starke, muskulöse Körper, die große Leistungen vollbringen und halbe Berge versetzen können. Doch was nützt all unsere Muskelkraft und Zähigkeit im Umgang mit einem kleinen Kind, es sei denn in Ausnahmefällen, um es vor einer schrecklichen Gefahr zu retten?

Möglicherweise sind wir stolz auf unsere hochentwickelte Intelligenz, die uns viele Türen im Leben geöffnet hat. Doch versuchen wir, mit dieser Intelligenz ein Kind zu beeindrukken, so bringen wir es in Gefahr, von unserem Denken abhängig zu werden und seine eigenen kindlichen Denkversuche aufzugeben und durch die Verabreichung von zuviel "vorgekauter Nahrung" lernt es nicht sein Verständnis von der Welt aufzubauen, sondern gibt sich mit "Wissen" zufrieden. Oder aber es bringt uns mit einer unerwarteten kindlichen Frage völlig aus dem Konzept, weil wir sie mit all unserem Wissen nicht beantworten können.

Vielleicht sind wir witzige Leute, gewohnt, mit unserem Reden Gesellschaften zu unterhalten oder Leute zu überzeugen. Da kann es geschehen, daß unser Kind uns enttäuscht, weil es nur darauf wartet, daß wir einmal im Reden innehalten, um selbst irgendeine unscheinbare, belanglose Sache zu erzählen.

Sind wir erfolgreiche Geschäftsleute, tolle Organisatoren und unermüdliche Arbeiter, fühlen wir uns dann nicht unverstanden und verletzt, weil unser Kind sich beklagt, daß wir "nie Zeit" haben, um einfach dabeizusitzen und zuzuschauen, wie es mit unartikulierten Geräuschen sein kleines Spielauto von einer Seite auf die andere schiebt?

Vielleicht sind wir elegante, bestens gekleidete Leute und können nicht verstehen, warum unser Kind am liebsten in seinen ältesten Kleidern im Schlamm und im Dorngebüsch spielt. Und ausgerechnet, wenn wir in einem frisch gereinigten Kostüm ausgehen wollen, kommt unser Söhnchen mit schokoladeverschmierten Händen auf uns zu und will uns liebevoll umarmen.

Vielleicht sind wir gut aussehende, höchst attraktive Frauen oder Männer, gewohnt, die bewundernden Blicke der Leute auf uns zu spüren, wo immer wir auftreten? Doch das, was unser kleines Kind wirklich an uns schätzt, ist nicht unsere edle Nase, unser wohlgeformter Mund, die hohe Stirn, die weiß glänzenden Zähne, sondern die tief empfundene Liebe, die von uns ausgeht und die die Grundlage für sein Leben ist, von der aus es wagt, seine eigenen Wege zu suchen.

Wenn wir ehrlich versuchen, uns den Kindern, mit denen wir leben, zu öffnen, ihnen in den verschiedenen Situationen also nicht automatisch mit Haltungen zu begegnen, mit denen wir selbst aufgewachsen sind, wenn wir ihnen nicht ständig vorgreifen, sie belehren und ihnen alles aus unserer Sicht erklären, nicht immer gleich wissen, was gut für sie ist, weil wir Erwachsene die Weisheit schließlich gepachtet haben und wenn wir nicht immer gleich ihre Fehler korrigieren, ist es unvermeidlich, daß sich unsere eigenen Verhaltensmuster verändern. Mit der Zeit verfügen wir dann nicht nur über nützliche Überlebensstrategien, sondern es wächst in uns echtes Verständnis für menschliche Entwicklung.

Diese Verlagerung von fest eingefahrenen Wegen auf unbekannte Pfade scheint uns anfangs vielleicht etwas beunruhigend. Vielleicht wünschen wir insgeheim, daß uns jemand bei der Hand nähme und das Suchen und Verirren ersparte. Doch allmählich gewöhnt man sich an dieses Gefühl der Unsicherheit und lernt das lebendige Ganz-da-Sein schätzen, das mit diesem neuen Zustand verbunden ist. Solch aufmerksame, engagierte Art, mit neuen Situationen umzugehen, restrukturiert früheres Verständnis der Wirklichkeit. Es öffnet neue Perspektiven, die uns vorher verborgen waren und verknüpft Altes und Neues, Inneres und Äußeres, so daß es uns nun nicht mehr so schwer fällt, Erlebnisse zu vernetzen, also in offenen Lebenssystemen zu denken. Damit beginnt auch für uns eine neue Etappe der Entwicklung. Indem wir selbst unseren eigenen Reifeprozeß deutlicher spüren, gelingt es uns auch, den Kindern in unserer Obhut ihren eigenen, uns manchmal vielleicht zu langsamen, Reifeprozeß zuzugestehen. Wir finden es dann leichter, sie jede Etappe voll erleben zu lassen, statt sie dem Geschwindigkeitsdenken unserer Gesellschaft um jeden Preis anzupassen. Und wir finden es natürlich, daß man von einem Organismus, der sich noch im Wachstum befindet, keine Früchte erwarten kann, die der Zeit der Reife entsprechen. So lassen wir uns nicht verführen, bei unseren Bemühungen mit Kindern sozusagen beim Dachbau anzufangen – also Intelligenz- oder künstlerische Förderung zu betreiben, wenn doch das Gemüt und die Bewältigung des praktischen Lebens noch nicht einmal recht gewachsen sind.

Es geht sicher nicht von heute auf morgen, bis wir aus eigener Praxis und aus eigener Reflektion die schwierige Frage beantworten können, die immer wieder aufgeworfen wird, wenn vom Respekt für die natürlichen Wachstumsprozesse der Kinder die Rede ist, nämlich die Frage, wie denn die Kinder für die Werte der Kultur gewonnen werden und wie sie die Errungenschaften der Zivilisation lernen könnten, wenn man sie einfach ihren Impulsen und kindlichen Interessen überläßt. Kultur ist aber nicht etwas, das man "lernen" oder jemandem "beibringen" kann. Auch sie wächst aus den authentischen Bedürfnissen eines Individuums und einer Gemeinschaft von innen nach außen und verwahrt sich so gegen die Gefahr, zum "Kulturbetrieb" abzusinken. Diese Sequenz ist am einfachen Beispiel der Nahrungsaufnahme schön zu beobachten: Wenn wir großen Hunger haben, reißen wir wohl auf dem Weg vom Bäcker ein Stück ab und stopfen es in den Mund. Aus diesem starken Bedürfnis nach Nahrung wächst aber dennoch überall auf der Welt eine gepflegte Eßkultur bis hin zur feierlichen Zeremonie. Doch solches Ritual verliert seinen Sinn und wird sogar zur Qual, wenn der Hunger fehlt oder wenn das Zusammensein am Tisch kein Bedürfnis darstellt.

Das Reifen der Kultur ist eng mit dem Reifen des kindlichen Organismus verbunden. Wenn Kultur vom Stärkeren zum Schwächeren verabreicht wird, wird sie zur Vergewaltigung und behindert eigene Prozesse, die danach trachten, aus allem Gegebenen immer wieder Neues zu schaffen. Doch um dies zu respektieren und uns dementsprechend so vorsichtig zu verhalten, daß Kinder nicht von der Kultur vergewaltigt werden, brauchen wir das Vertrauen eines Bauern, der nicht zweifelt, daß aus einem winzigen Samen in geeigneter Umgebung eine starke Pflanze wächst, die zu ihrer Zeit ihre Früchte tragen wird.

Wenn wir uns um einen respektvollem Umgang mit Kindern bemühen, wächst in unserem Wesen das eigene Gespür für die Nähe des Lebens. So werden wir zunehmend weniger abhänig von den Werten und dem Urteil anderer. Wir lernen unterscheiden, was von innen kommt und was von außen auf uns eindringt und uns unter Druck setzt. Diese Unterscheidungsfähigkeit erlaubt dann, die Merkmale von authentischen und Ersatzbedürfnissen zu erkennen und bringt auch uns selbst immer wieder in die Nähe von Lebensprozessen, die von innen nach außen voranschreiten.

Ich bin überzeugt, daß nur eine solche selbsterfahrene Nähe zum Leben uns davor bewahren kann, das Leben der Kinder aus Angst vor fremden Meinungen oder einer unsicheren Zukunft zu beeinträchtigen oder zu lenken. Das ist sicher nicht leicht, gerade heute, wo viele alte Sicherheiten sich als fadenscheinig erweisen. Doch wenn wir Samen für eine bessere Zukunft ausstreuen wollen, muß es heute getan werden. Wollen wir also Vertrauen statt Mißtrauen, Unabhängigkeit statt Abhängigkeit, Respekt statt Manipulation, Kooperation statt Zwang aussäen, so muß dies heute mit unseren Kindern praktiziert werden. Denn was die Kinder heute erleben, das wächst mit ihnen in die Zukunft hinein.

Ist solcher Glaube ein neues Dogma? Sind wir am Ende doch Fanatiker, wenn wir gegen Wind und Wetter unsere Überzeugung vertreten und durch unsere Entscheidungen möglicherweise "ungehorsam" gegen gesellschaftliche Zwänge werden?

Ich glaube, der Unterschied zwischen "fest überzeugt sein" und "fanatisch" sein, liegt darin, ob man versucht, andere von den eigenen Ideen zu überzeugen, auch wenn sie dafür nicht offen sind, oder ob man sich einfach nicht von anderen gegen besseres Wissen und Fühlen überzeugen läßt. Die Kraft, die wir verbrauchen würden, um andere zu überzeugen, können wir jedenfalls besser in die vorbereitete Umgebung der Kinder investieren.

Ob unsere "Alternative" nun aber dem Leben gemäß ist oder nicht, das können wir nur an der Atmosphäre ablesen, das in unserem eigenen Umfeld spürbar wird. Wann immer uns Zweifel kommen, ob sich dieser Einsatz auch wirklich lohnt, hilft es uns, uns auszumalen wie wir selbst uns in der Gewißheit fühlen würden, daß man uns bedingunslos liebt und respektiert.

Wer aber könnte sich Schulen, wie sie heute üblich sind, in einer Gesellschaft vorstellen, in der Liebe und Respekt die Grundlagen des gemeinsamen Lebens wären?

Nachwort*

Immer mehr Eltern und Lehrer fühlen sich heute unzufrieden mit einem Erziehungsstil, der früher nur ausnahmsweise in Frage gestellt wurde. Auf ihrer Suche nach Alternativen sind manche auf den Erfahrungsbericht der Pestalozzi-Schule in Ecuador gestoßen und seitdem läßt sie der Gedanke nicht los, selbst solch eine Arbeit mit Kindern zu beginnen. Es scheint darum an der Zeit, zu klären, warum solch ein Modell nicht übertragbar ist, auch wenn uns seine Grundideen direkt zum Herzen sprechen mögen.

Ich erinnere mich, wie besonders in den ersten Jahren unserer Schularbeit immer wieder Rückmeldungen kamen, daß sich Kinder dagegen wehrten, von ihren Eltern "so wie im Pesta" behandelt zu werden. Die gleichen Kinder fühlten sich offensichtlich in der Schule sehr wohl – sie hatten auch ein gutes Verhältnis zu den Erwachsenen, die sie hier betreuten. Trotzdem haßten sie es, wenn ihre Eltern Verhaltensmuster aufs Haus übertrugen, die ihnen bei uns sebstverständlich waren. Die Kinder entwickelten schnell ein feines Gespür, wann ihre Eltern sie selbst waren und ihr Verhalten echt war, sie also "von innen nach außen" auf jede Situation

---

* Dieses Nachwort wurde auch in die Neuauflage von »Sein zum Erziehen« übernommen, da es nochmals verdeutlicht, daß es den Wilds um einen grundlegenden Wandel geht, den jeder selbst vollziehen muß und nicht um ein neues Erziehungssystem, das man übernehmen könnte.

mit den Kindern eingingen – zum Beispiel in der Vorbereitung der häuslichen Umgebung, in der Art wie sie zu den Kindern sprachen, ihnen Grenzen setzten, sie in Konflikten und im Schmerz begleiteten, sich neben sie hinknieten, ihnen Körperkontakt gaben. »Tu doch nicht so wie die im Pesta!« protestierten manche. Offenbar erhoben sie ein klares Recht auf authentische Beziehungen zu ihren Eltern, denn Kinder brauchen Erwachsene, die nicht das Risiko scheuen, ihre eigenen Fehler zu begehen und aus ihnen zu lernen, also ebenso menschlich zu sein wie ihre Kinder, die auf die gleiche Weise heranreifen.

Allmählich merkten die Eltern, daß jegliche Anregung von außen für einen respektvolleren Umgang, durch die eigene Erfahrung im täglichen Leben nach und nach transformiert und schließlich Teil der eigenen Gefühls- und Denkstrukturen werden muß. Doch das geschieht nur, wenn wir selbst die Verantwortung für die eigenen Handlungen übernehmen und nicht "im Sinne von" jemand anders unsere Situationen angehen. Und dadurch sind es eben wirklich unsere Erfahrungen und wir brauchen uns dann nicht mehr auf andere zu berufen.

Diese Überlegungen treffen wohl ebenso auf Initiativen zu, die durch unsere Erfahrungen ermutigt, ihre eigene Arbeit aufbauen. Auch sie sollten sich auf niemand anderen berufen als auf sich selbst und ihr eigenes Bedürfnis, authentische und respektvolle Beziehungen im eigenen Umkreis zu erarbeiten. Denn solche Beziehungen sind ja unmöglich, außer durch das eigene "Sein". Und auch das schönste Vorbild ist eben nur "Vor-Bild" und kann die eigene Wirklichkeit nie ersetzen. In ihm steckt sogar die Gefahr, daß es sich zwischen uns und die Kinder stellt, die jedoch Erwachsene brauchen, mit denen sie sich ehrlich auseinandersetzen können, die ganz da sind, für sich selbst verantwortlich und ebenso wie die Kinder bereit, ihr Verständnis durch das eigene Erleben aufzubauen.

Wir würden uns freuen, wenn an vielen Orten Menschen mit Mut und Verantwortung eine neue Arbeit mit Kindern in Angriff nähmen, die sich aber nicht "nach" oder im "Sinne von" oder "nach den Ideen von" unserer Arbeit in Ecuador identifizieren. Wer angibt, "nach Wild" zu arbeiten oder vorgibt, eine "Wild-Ausbildung" absolviert zu haben, dokumentiert damit, daß er nicht wirklich verstanden hat, worum es uns eigentlich geht. Diese Arbeit ist ja nur entstanden und gewachsen, indem wir in unserer spezifischen Situation das Bestmögliche, das in unseren Kräften lag, taten. Das ist sicher nicht übertragbar und es ist auch nicht unser Anliegen, ein neues Erziehungssystem zu begründen, denn kein System kann dem Menschen wirklich gerecht werden. Wir glauben nicht an eine Art Urheberrecht, denn Lebensprozesse können wir nur durch persönliche Entscheidungen respektieren, und sie verändern uns und unsere Situation von einem Augenblick zum anderen. Was könnten wir uns mehr wünschen, als unsere eigenständigen Erfahrungen mit anderen auszutauschen, die ihrerseits das Beste in ihrer Situation tun und dann entdecken, daß wir trotz aller Vielfalt vieles gemeinsam haben, das uns gegenseitig in unseren Erfahrungen bestätigt?

Bilder aus dem Pesta

Im Kindergarten ist die Umgebung vor allem auch für die verschiedensten senso-motorischen Aktivitäten der Kinder vorbereitet.

Sand und Wasser sollten überall zur freien Verfügung stehen, wo Kinder sind – und das nicht nur im Kindergarten.

ohne Worte

Im Garten kann sich jedes Kind sein Beet abstecken und anpflanzen, was es möchte – besonders beliebt sind natürlich Pflanzen, die schnell geerntet werden können wie z.B. Radieschen.

Am Morgen kann es auf etwa 2500 m Höhe schon mal recht kühl sein. So hat sich dieses Mädchen einen Platz in der wärmenden Morgensonne auf dem Balkon gewählt, um sich den Montessorimaterialien für Mathematik zu widmen.

Wenn ein Kind mit einem Material nicht mehr weiterweiß, ruft es sich einen Lehrer, der es dann unterstützt, ohne das Problem für das Kind zu lösen. Hier begleitet Rebeca Wild einen Jungen im Umgang mit einem indianischen Rechenbrett – der Taptana.

In der Schuldruckerei können die Kinder ihre eigenen Texte, Gedichte und Erfahrungsberichte zu Papier bringen und vielleicht sogar zu kleinen Broschüren oder Büchern verarbeiten. So lernen sie spielerisch und in direktem Bezug zu ihren Erlebnissen Lesen und Schreiben.

Die Küche ist einer der beliebtesten Orte im Pesta. Oft ist sie auf drei Wochen und mehr ausgebucht; jeden Tag kann sie von zwei Gruppen genutzt werden. Die Hausregeln sind, die Küche so zu verlassen, wie man sie vorgefunden hat und zu essen, was gekocht wurde, wobei notfalls auch die Hunde mithelfen dürfen, die neben anderen Haustieren fester Bestandteil des Pesta sind.

Literaturangaben

Jacques Lusseyran: Das wiedergefundene Licht

Oliver Sacks: Der Mann, der seine Frau mit einem Hut verwechselte

Emmi Pikler: Laßt mir Zeit

Emmi Pikler und andere: Miteinander vertraut werden

Joseph Chilton Pearce: Magical Child matures

Joseph Chilton Pearce: Evolution´s end (erscheint voraussichtlich Anfang 1994 in deutscher Sprache im Arbor Verlag)

Rebeca Wild: Erziehung zum Sein

Rebeca Wild: Sein zum Erziehen

Freundeskreis »Mit Kindern Wachsen« e.V.

Der Freundeskreis »Mit Kindern Wachsen« ist ein Zusammenschluß von Menschen, die nach neuen Wegen im Umgang mit Kindern suchen. Schwerpunkte unserer Arbeit sind:

- Fortbildungsseminare für Eltern, LehrerInnen und ErzieherInnen, unter anderem mit Rebeca und Mauricio Wild sowie regelmäßige Freundeskreistreffen zum Austausch von Erfahrungen.

- Vermittlung von dreiwöchigen Reisen nach Ecuador inclusive einem einwöchigen Besuch der Pestalozzi-Schule mit Hospitation und Seminar.

- Eine regelmäßig erscheinende Informationsbroschüre mit Terminen, Artikeln zu verschiedenen Themen, interessanten Adressen ...

- Die finanzielle Unterstützung der Pestalozzi-Schule in Ecuador und des Pikler-Institutes.

Weitere Informationen schicken wir Ihnen auf Anfrage gerne zu (bitte Rückporto beilegen):

Freundeskreis Mit Kindern Wachsen
Rennenbergstr. 3
D - 53639 Königswinter

Weiterführende Literatur

Kindern eine Umgebung zu schaffen, in der sie sich ihren wirklichen Bedürfnissen gemäß entfalten können und die Unterstützung von Erwachsenen, die einen solchen Weg einschlagen möchten, sind ein wesentliches Anliegen unseres Verlages.

Von Rebeca Wild erschien bei uns, außer dem vorliegenden Buch, der faszinierende Erfahrungsbericht »Erziehung zum Sein« sowie ihr zweites Buch »Sein zum Erziehen – Mit Kindern leben lernen«.

»Miteinander vertraut werden«, das lange erwartete grundlegende Buch zum Umgang mit Säuglingen und Kleinkindern wird voraussichtlich im Frühjahr 94 erscheinen, ebenso wie das neue Buch von Joseph Chilton Pearce, in dem er die Möglichkeiten der menschlichen Entwicklung aufzeigt sowie die Voraussetzungen für deren Verwirklichung – vor allem auch im Zusammensein und Umgang mit Kindern.

Da das Interesse an entsprechender Literatur stetig wächst, haben wir, außer den bei uns im Verlag erschienenen Büchern, auch einige andere Titel, die uns lesenswert erscheinen, in unseren Vertrieb aufgenommen.

Eine aktuelle Liste mit kurzen Beschreibungen der einzelnen Titel schicken wir Ihnen auf Anfrage gerne zu. Senden Sie einfach die dem Buch beigefügte Karte ein oder schreiben Sie an den:

Arbor Verlag
Am Saisen 4
D - 79348 Freiamt